「中納言」を活用した
コーパス日本語研究入門（2刷）
正誤表

※「中納言」で検索できるコーパスの種類、あるいは検索対象となる文書は日々バージョンアップされ、増加していきます。そのようなバージョンアップには本正誤表は対応しておりません。

p.10　4行目
誤　中俣 (2015)
正　中俣 (2015a)

p.11　下から9行目
誤　https://pj.ninjal.ac.jp/corpus_center/bccwj/doc.html
正　https://ccd.ninjal.ac.jp/bccwj/doc.html

p.28　下から8行目
誤　「書字系出現形」
正　「書字形出現形」

p.43　表4-5-1　下から2行目
誤　名詞 - 固有名詞 - 副詞可能
正　名詞 - 固有名詞 - 一般

p.49　下から2行目
誤　https://pj.ninjal.ac.jp/corpus_center/bccwj/doc/report/JC-D-10-02.pdf
正　https://doi.org/10.15084/00002852

p.61　表5-5-1　1行目
誤　0個以上の文字で校正される
正　0個以上の文字で構成される

p.61　表5-5-1　3行目
誤　日韓
正　日韓友好など

p.111　4行目
誤　列に
正　行に

p.117　19行目
誤　（中俣 2015）
正　（中俣 2015b）

p.122　下から2行目
誤　語彙素が「て」＋品詞の小分類が助詞 - 格助詞
正　語彙素が「て」＋品詞の小分類が助詞 - 接続助詞

p.123　14行目
誤　語彙素が「て」＋品詞の小分類が助詞 - 格助詞
正　語彙素が「て」＋品詞の小分類が助詞 - 接続助詞

p.123　下から2行目
誤　語彙素が「て」＋品詞の小分類が助詞 - 格助詞
正　語彙素が「て」＋品詞の小分類が助詞 - 接続助詞

p.124　9行目
誤　語彙素が「て」＋品詞の小分類が助詞 - 格助詞
正　語彙素が「て」＋品詞の小分類が助詞 - 接続助詞

p.132　下から8行目
誤　語彙素が「と」＋品詞の小分類が格助詞
正　語彙素が「て」＋品詞の小分類が助詞 - 格助詞

p.132　下から7行目
誤　後方共起2：キーから1語
正　後方共起2：キーから2語

p.132　下から4行目
誤　語彙素が「と」＋品詞の小分類が格助詞
正　語彙素が「て」＋品詞の小分類が助詞 - 格助詞

p.132　下から3行目
誤　後方共起2：キーから1語
正　後方共起2：キーから2語

p.139　4行目
誤　思うには
正　「思う」には

p.140　1行目
誤　感覚を生まれる
正　感覚を生じさせる

p.144　4行目
誤　キー：キーから1語　品詞の大分類が名詞
正　キー：品詞の大分類が名詞

p.144　9行目
誤　列にして
正　行にして

p.146　11行目
誤　そうではないというころ
正　そうではないということ

p.146　12行目
誤　いかに
正　以下に

p.147　下から4行目
誤　キー：キーから1語　品詞の大分類が動詞
正　キー：品詞の大分類が動詞

p.147　下から1行目
誤　キー：キーから1語　品詞の大分類が動詞
正　キー：品詞の大分類が動詞

p.148　1行目
誤　表12-3-1　「美しいN」「きれいなN」の共起語
　　リスト
正　表12-3-1　「ずんずんV」「どんどんV」の共起
　　語リスト

p.149　12行目
誤　キー：品詞の大分類が動詞
正　キー：品詞の大分類が名詞

p.149　16行目
誤　キー：品詞の大分類が動詞
正　キー：品詞の大分類が名詞

p.150　下から1行目
誤　前方共起1
正　後方共起1

p.151　1行目
誤　前方共起2

正　後方共起2

p.175　下から6行目
誤　https://pj.ninjal.ac.jp/corpus_center/bccwj/bcc-chu-suw.html
正　https://ccd.ninjal.ac.jp/bccwj/bcc-chu-suw.html

p.177　下から6行目
誤　慣れていない人にとってもは
正　慣れていない人にとっては非常に

p.180 下から3行目
誤　略号
正　略称

p.181　4行目
誤　半角の , で
正　半角の「,」で

p.183 下から5行目
誤　略号
正　略称

p.184　注 xix
誤　https://pj.ninjal.ac.jp/corpus_center/bccwj/list.html
正　https://ccd.ninjal.ac.jp/bccwj/list.html

p.186　3行目
誤　https://pj.ninjal.ac.jp/corpus_center/csj/k-report-f/CSJ_rep.pdf
正　http://doi.org/10.15084/00001357

p.186　下から12行目
誤　中俣尚己 (2015)
正　中俣尚己 (2015b)
※さらにその前に下記の文献を追加
中俣尚己 (2015a)『日本語並列表現の体系』ひつじ書房

ISBN 978-4-8234-1059-8
作成日　2022.5.10

「中納言」
を活用した
コーパス
日本語研究入門

中俣尚己

ひつじ書房

まえがき

　この本は、国立国語研究所が開発したコーパス検索アプリケーション「中納言」の利用と、それを用いた日本語研究の手法について解説したものです。

　実際に使われた「ことば」の大規模なデータベースであるコーパスと、それを様々な角度から調査できる検索アプリケーションの登場によって、日本語研究のあり方は大きく変わってきました。従来の理論の検証のみならず、コロケーションなど、これまであまり研究の対象になっていなかった日本語学習者にとって重要な情報にも目が向けられるようになってきました。今後も、コーパスのデータを出発点としてどんどん新しい研究が生まれていくことでしょう。

　しかし、その一方で、コーパスの利用は、特にコンピュータの使用に習熟していない人にとってはわかりやすいものとは言えません。大学生がコーパスの利用に四苦八苦している姿を見ると、大きく 3 つのハードルがあるように思います。1 つめは「中納言での検索のしかたがわからない」というハードルです。中納言は様々な検索を行うことができる、非常に柔軟で強力なソフトですが、その高機能さゆえに設定するべき内容が多く、混乱してしまうようです。2 つめは「検索して得られたデータをどのように読み解けばいいかわからない」というハードルです。検索結果をダウンロードすると大量の情報が詰め込まれた Excel ファイルが現れますが、ここから必要な情報を取り出すには、Excel のテクニックを知っておく必要があります。3 つめのハードルは、「操作方法はわかったが、どのようにテーマを設定して何を調べればよいかがわからない」というハードルです。これはコーパス研究に限ったこ

とではありませんが、しかし重要なポイントだと思います。

　この本はコーパス初学者の読者がこの3つのハードルを越えられる手助け
をするものです。第1部「検索してみよう」では、中納言の各機能の解説を
行っています。ここでは基本的な内容を詳しく書くことを目標としました。そ
のため、扱うコーパスは『現代日本語書き言葉均衡コーパス』(BCCWJ) のみ
としています。専門的な部分は解説をしていませんし、一部機能については
「上級者向け」としていますので、難しい部分は飛ばしても大丈夫です。

　第2部「データを処理してみよう」は主に Excel の操作についての解説で
す。私がいつも研究の時に使っている様々な方法を解説しています。一部で
は正規表現を用いたテキスト処理も行っています。「中納言」の操作方法だけ
を学んでも、決して研究はできません。むしろダウンロードしてからが本番
なのです。この段階ではデータに丹念に目を通す根気も必要です。

　第3部「研究してみよう」は3つめのハードルを意識して書きました。「良
い研究アイディアを思いつく方法」などというものがあれば私が知りたいぐ
らいですが、色々な先行研究に触れることは、アイディアの幅を広げる上で
重要です。そのため、私の研究のみならず、学生の卒論やレポート課題も許
可を得て掲載しています。また、BCCWJ 以外のコーパスの簡単な紹介や、実
際にレポート・論文を書くうえでの注意点についても触れました。

　これからコーパス検索に初めて挑戦するみなさんに、1つだけアドバイス
をするとするなら、「失敗を恐れないでください」ということです。一般に、
知識には宣言的知識と手続き的知識があると言われています。前者は言葉で
伝達可能な知識ですが、後者は体の動かし方など言語だけでは伝達不可能な
ものです。例えば自転車の乗ることや外国語を使用することは手続き的知識
とされています。

　私はコンピュータを使うことも手続き的知識だと考えています。何度か失
敗を繰り返しながら、実際に手を動かすことで体得していくものです。そし
て、手続き的知識を習得する上での最大の敵は「失敗を恐れる」ことだとい
うことは、自転車の練習や外国語を話すことを考えれば、納得できるのでは

ないでしょうか。本人以外で失敗した回数を気にする人間はいません。コンピュータでも、最初1時間かかっていたことが、後に1分でできるようになるということは珍しくありません。一度できたことでも、もう一度やってみるような反復練習が大事です。

　中納言とBCCWJが公開されたのは今から10年ほど前です。多くの研究成果が公開されてきましたが、コーパスにはまだまだ未知の情報が眠っています。この本で検索、整理、研究の方法を身につけ、ぜひこの「宝探し」に加わってください。10年後に常識となっている事実を見つけ出すのは読者の貴方かもしれません。

　なお、この本は筆者の中俣が私に解説を行ったものであり、「公式」の解説書・マニュアルではありません。本書に書かれた内容について国立国語研究所は責任をもちません。内容に関する問い合わせは筆者あてにお願いします。
　また、この本で利用・解説したのは中納言の『現代日本語書き言葉均衡コーパス』であり、中納言のバージョンは2.4、データバージョンは1.1です。中納言はバージョンアップに伴い、検索方法や検索結果が変わることもあることをご了承ください。中納言2.4.5、BCCWJデータバージョン2021.03では、BCCWJの「ジャンル」の表記方法に大きな変更がありました。第2刷では第8章4節の内容を修正しています。

　なお、YouTubeにて、実際のコンピュータの操作画面の解説動画を公開しております。本書の範囲は全14本のプレイリストになっており、本書と合わせてご覧になると理解が深まるかと思います。「中俣尚己の日本語チャンネル」で検索してください。

目次

〔第14章〕 レポート・論文を書く時の注意点 ……………………… 173

第 1 部

検索してみよう

第1章

コーパスとは？ 中納言とは？

1 言語の使用の問題

　観察は研究の第一歩です。モンシロチョウについて調べたいならば、まずはモンシロチョウを観察するところから始めなければなりません。ある地域の祭りについて調べるならば、まずはその祭りを見に行く必要があるでしょう。

　言語研究も同様です。ある地域の方言について調べるならば、少なくともその地域に行って調査しなければ、何も確実なことは言えません。ところが、現代の中央語について研究する場合に限っては、この原則は無視される傾向にあったようです。

　確かに、母語話者は自身の母語について直観というものを持ち、ある文が文法的に正しいかどうかを見極めることができます。「ノックの音がしたので、私はドアが開きました」という文は自動詞と他動詞を混同しているとすぐに判断することができます。しかし、だからと言って、私たちが現代語のすべてを直観で研究できるわけではないのです。

　例えば、筆者がこの数か月で最も心を動かされた例を紹介しましょう。「〜をさす」という短文を考えて下さい。この「〜」に入る名詞で最も多いものは何でしょうか？『現代日本語書き言葉均衡コーパス』を調べたところ、1位は「こと」（例：夜更かしとは、「午後11時以降に眠ることをさす」）なのですが、問

題は2位です。なんと「とどめ」でした。日本人はそんなにあちこちでとどめを刺しまくっているのか!?と驚きました。「とどめをさす」は、もちろん、文学作品に多いという偏りはありますが、比喩的に使われることもあり、書き言葉では非常に多く使われるコロケーション（＝言葉と言葉の組み合わせ）です。逆に言えば、それだけインプットは多いはずなのに、その「多さ」、すなわち頻度を直観で判断することは困難だということです。コーパス言語学の教科書であるマケナリー＆ハーディー（2014）でも「訓練を積んだ言語学者であっても、コーパスデータなしでは、言語における任意の表現の頻度について信頼できる予測を行うのは非常に難しいであろう」と述べられています。

　しかし、ある表現がよく使われるか否かというのは、言語学習においては大きな関心事となります。というのも、「文法的には正しいが、ネイティブはあまり使わない表現」よりは「ネイティブがよく使う表現」を率先して学びたいというニーズを持つ学習者は多いと考えられるからです。このような観点から日本語教育に貢献する目的で作られたのが中俣（2014）の『日本語教育のための文法コロケーションハンドブック』です。例えば「てみる」のコロケーションでは「考えてみる」が最も多いとか、「ているところだ」は国会答弁ぐらいにしか出てこない、あまり使われない表現であるといった情報を収録しています。これらも指摘されれば、腑に落ちる内容ではあるものの、ゼロからこういったことに直観で気づくことはなかなか難しく、この本の執筆時には「そうだったのか！」という思いの連続でした。こういった情報を得るにはコーパスが不可欠です。そして、『中納言』こそがこのハンドブックを作るために筆者が駆使したツールであり、本書はそのノウハウを提供するものということになります。

　また、コーパスが扱うのは頻度そのものの問題だけではありません。例えば、以下の例文はいかがでしょうか。

　⑴　?遠足は、とても嬉しかったです。

　⑴はむしろ「楽しい」が自然ではないかと感じる母語話者が多いと思います。しかし、そう感じる人でも、「嬉しい」はダメで「楽しい」がいいのはな

ぜなのかと聞くと、うまく答えられない人が多いのではないでしょうか。特に、⑵のような文では、むしろ「嬉しい」が自然になります。

⑵　遠足に行けて、とても嬉しかったです。

これは類義語の問題ですが、このような時、国語辞書を使おうとする人もいます。しかし、国語辞書も残念ながらこの問いに答えてはくれません。例えば『三省堂国語辞典』によれば以下のように説明されています。

嬉しい……心が<u>楽しい</u>
楽しい……満足な状態が続いて、何も不平や心配のないようすだ。<u>嬉しい</u>
　　状態が続く感じだ。

「嬉しい」の語義に「楽しい」が、「楽しい」の語義に「嬉しい」が含まれていては、両者の違いは明らかにならないのです。国語辞書を調べていて、項目間で堂々巡りになってしまったという、似たような経験をお持ちの方もいるでしょう。
　しかし、コーパスの検索結果は多様な用例が含まれます。それらの例を丹念に見ていると、以下のような傾向があることが、比較的容易にわかります。

「嬉しい」は「〜してもらって、嬉しい」「〜があると嬉しい」のように他人にしてもらったことや、何か条件が満たされた時の気持ちとして、述語として使われる。「嬉しいN」のような連体修飾用法は少なく、「嬉しい知らせ」「嬉しいニュース」のように限られた名詞しか接続しない。
「楽しい」は「〜をして、楽しかった」のように自分で行動をした後の気持ちを表す。また、「楽しいN」のような連体修飾用法は用例も名詞の種類も豊富。

つまり、「遠足が楽しかった」は、遠足に参加した後の気持ちを表しているということです。一方、「雨が降らず、遠足に行けて嬉しかった」は、何か条

件が満たされた時の気持ちを表しているということです。このように、類義語の意味を考える時も、コーパスから得られる大量の用法に目を通すことで、有益なヒントを得られることができます。

　また、先ほど、母語話者は、直観によって文法性を判断することができると書きましたが、これも実際には怪しいところがあります。例えば、以下の二文はどうでしょうか。

　　⑶　夜遅くに、甘いものを食べるべきでない。
　　⑷　夜遅くに、甘いものを食べないべきだ。

　⑶ が正しく、⑷ は間違いという判断が多いかもしれません。日本語の参照文法である日本語記述文法研究会 (編) (2003) には、否定形式は「べき」の前には来ないと書かれています。しかし、『現代日本語書き言葉均衡コーパス』には「べきでない」という文字列は 241 件見つかりますが、「ないべき」も 11 件見つかります。しかも、後者には顕著な特徴があり、11 件中 10 件が、「～ないべきですか？」や「～べきか、～ないべきか」というように疑問の「か」とセットで使われています。この傾向はより大規模なコーパスである『国語研日本語ウェブコーパス』でも確認できました。つまり、現実では ⑷ のような文はまだあまり使われていないが、疑問表現と共起した場合のみ「ないべき」という形が使われ始めてきている、ということです。内省のみに頼っていると、こういった変化を見逃す危険性もあります。

　もちろん、内省を使わずに研究をすることは難しいと思われますが (マケナリー＆ハーディー2014)、今後は内省で判断をしても、念のためコーパスで確認するぐらいの慎重さが必要になってくると考えられます。

2　コーパスとは

　前節では大量のデータ、実際の使用例を見ることのメリットについて述べました。では、大量の言語の使用例を集めるにはどうしたらよいでしょうか。最も手っ取り早いのは Google などの web 検索エンジンを使う方法です。「実

際にこういう言い方するかなあ」といったちょっとした疑問を調べる時には web 検索は最良の方法と言えます。web 検索を利用した言語研究の入門書としては荻野（2014）があり、Google を活用した外国語学習法として遠田（2009）などがあります。

　しかしながら、web 検索には研究の手法として見ると、問題点もあります。まず、検索結果の数値は「その語が使われた回数」ではなく「その語を含むページ数」であるということです。さらに、その数値は様々な影響により変動します。田野村（2008, 2009）で詳しく取り上げられていますが、俗に「Google ダンス」と呼ばれる現象によって、時間によって数値が変化するばかりか、同時刻に 2 人が検索しても、検索結果が異なることも多くあります。結果が安定しないというのは、研究としては致命的です。また、web には次々と新しい情報がアップデートされていきますから、流行語などの影響も敏感に受けてしまいます。極端な話ですが、例えば twitter で使われる語を調べようと思ったとしても、タイミングによっては、「日本語で最も多く使われる単語は「バルス」です。」という結果が出ないとも限りません。

　これらの問題点はすべて web の検索結果が新しい情報を取り入れ、時々刻々と増え続けていることに起因します。検索の対象が秒単位で増大しているから、結果が安定しないのです。ならば、研究のために検索範囲をあらかじめ決めておき、いつでも必ずその範囲から検索するようにすれば、安定した結果が得られるのではないでしょうか。

　このような条件に応えてくれるのが、実際に使われた言語のデータベースであるコーパスです。コーパスの特徴としては、①言語研究のために構築されたものである。②実際に使用された例である。③大規模なデータである。④偏りのないデータである。⑤電子化されている。という 5 つの条件が挙げられることが多いです（石川 2012、山崎（編）2014）。ただし、④の条件については、偏りがあるデータが意味を持つこともある（例えば、日本語学習者の作文のデータなど）ので、これを満たさないコーパスも存在します。簡単に言えば、「どこかで実際に使われた言語データを大量に集めて、コンピュータで分析できるようにしたもの」ということになります。

　では、コーパスの調査は web 検索を用いた調査よりも全面的に優れている

のでしょうか。実は、コーパスのデータサイズは、web のデータと比較すると圧倒的に少ないという弱点があります。例えば本書が主に扱う『現代日本語書き言葉均衡コーパス』は約 1 億語を含みます。これは途方もない膨大な量のように思えますが、冷静に考えるとそうではありません。日本の人口を約 1 億人として、その 1/10 にあたる 1,000 万人が、1 人 1 回 10 語のツイートをすれば、この程度の語数はあっさり超えてしまいます。もちろん、ツイッターのユーザのつぶやきが「1 人 1 回、10 語以内」に収まるわけはありませんから、日本人が 1 日に SNS で発信する言語と比較してさえ、コーパスの語数は非常に少ないということがわかります。これは非常に稀にしか使われない語やパターンの研究にはコーパスは使いにくいということを意味します。また、コーパスに出現しないからと言って、そのようなパターンは日本語には存在しない、と言い切ることも不可能です。

　その他、操作性にも違いがあります。web 検索では 1 度に表示することができる例はせいぜい 100 件までで、それを並べ替えたり集計したりすることも困難ですが、中納言では 10 万件までを Excel 形式でダウンロードでき、簡単に集計が行えます。

　以下に、web 検索とコーパスを用いた研究法の違いをまとめます。

表1−2−1 | web 検索を用いた研究法とコーパスを用いた研究法の比較

web 検索（Google など）	コーパス
・結果が安定しない ・ごく稀な例も見つかる ・検索結果を処理しにくい	・安定した結果が得られる ・稀な例を大量に集めることはできない ・検索結果を Excel で容易に処理できる

3　『現代日本語書き言葉均衡コーパス』とは

　この節では、本書が主として扱う『現代日本語書き言葉均衡コーパス』について説明します。現在は、様々なコーパスが整備されており、増え続けて

いる最中ですが（かく言う私も本書を書く傍らでコーパスを構築中です）、本書執筆時点で、日本語の種々の側面を代表することができる、大規模かつ安定したコーパスとしては『現代日本語書き言葉均衡コーパス』が最も有力なものです。

　ここで、簡単にコーパスの歴史を書いておくと、世界で最初に作られたコーパスは英語の Brown Corpus で 1964 年のことです。日本では、語の頻度などに注目した研究自体は国立国語研究所などを中心に、新聞や雑誌の調査が行われていましたが、コーパスという言葉が広く知られるようになったのは最近のことです。「○○コーパス」という名前がついた最初期のものとしては、鎌田修氏と山内博之氏が構築した『KY コーパス』が挙げられます。1999 年に公開されたこのコーパスの特徴は、OPI というテストにおける学習者に対するインタビューを、収録したものであるということです。『KY コーパス』はその後、特に日本語教育と文法の研究で広く使われました。コーパスという言葉が普及したのが学習者の話し言葉からだったというのは大変興味深いことです。

　『KY コーパス』は 20 万語程度の比較的規模の小さいコーパスですが、その後、大規模コーパスを整備する「KOTONOHA 計画」が国立国語研究所で立ち上がります。この計画のもと、2004 年にはまず『日本語話し言葉コーパス』（Corpus of Spontaneous Japanese: CSJ, 750 万語）が完成しました。そして、2011 年に、日本語研究者待望の『現代日本語書き言葉均衡コーパス』が作られました（Balanced Corpus of Contemporary Written Japanese: BCCWJ, 1 億語）。

　このコーパスの特徴はなんと言っても Balanced とついている通り、日本語の様々なジャンルの書きことばをバランスよく集めた点にあります。BCCWJ はまず大きく、出版コーパス、図書館コーパス、そして特定目的コーパスの 3 つのサブコーパスに分かれます。

　出版コーパスとは 2000 年から 2004 年に出版された「書籍」「新聞」「雑誌」を対象にサンプリングを行なったものです。一方で、図書館コーパスとは東京都の図書館にある「書籍」を対象にサンプリングを行なったものです。この 2 つの違いは、前者は書きことばの「生産」の側面を見ようとしたもので、後者は書きことばの「流通」の側面を見ようとしたものです。簡単に言えば、生産されたすべての本に、一般人が簡単にアクセスするわけではない

ということです。山崎（2009）によれば、生産された本、すなわち出版コーパスの2割は専門書であるということです。このような専門書は一般の図書館には収蔵されません（大学の図書館なら話は別ですが）。例えば私が書いた博士論文、中俣（2015a）も残念ながら極めて専門的なので、市区町村の図書館に収蔵される望みは薄いと言わざるをえないでしょう。その結果、どのような違いが生まれるかというと、図書館コーパスは出版コーパスと比べて、専門的な語の出現が少ないという特徴が生まれるのです。

　この出版コーパスや図書館コーパスでは均衡調査法と呼ばれる方法でサンプリングが行われています。これはたとえば図書館の本だったら、日本十進分類（NDC）で「1：哲学」が何割で、「9：文学」が何割あるのかを実際に調べ、サンプルの比率も母集団の比率に合わせる、という調査法です。この方法により、日本の書きことばの「縮図」を作ることに成功しています。

　一方で、第3の特定目的コーパスは様々なジャンルの文章を集めたものです。その中には「白書」「広報紙」「ベストセラー」「Yahoo! 知恵袋」「Yahoo! ブログ」「法律」「国定教科書」「韻文」「国会会議録」が含まれています。「白書」は「警察白書」「外交白書」など、政府が作成した報告書であり、専門的かつ硬い文体と言えます。「広報紙」とは例えば「京都市だより」「前橋市からのお知らせ」といった、地方公共団体が市民向けに発行しているものです。ベストセラーは1960年代からのものが含まれています。「Yahoo! 知恵袋」はQ&Aサイトのやりとりをそのまま収録したもので、質問とそれに対する回答からなります。「Yahoo! ブログ」は2002年〜2009年の内容が含まれています。「国定教科書」は小学校から高等学校まで、全学年・全教科からサンプリングされています。「法律」は条文がそのまま収められています。「韻文」には短歌・俳句・詩が含まれています。「国会会議録」は、フィラーなどは除去されていますが、話し言葉特有の表現が含まれる特殊なジャンルです。「〜であります」「〜でございます」など丁寧度の高い文体が多いのが特徴です。

　なお、これら特定目的コーパスには均衡調査法は使われていません。

　さて、このBCCWJを検索する方法は以下の4通りのやり方があります。

1. DVD 版 BCCWJ
2. 少納言
3. 中納言
4. NINJAL-LWP for BCCWJ（NLB）

このうち、1. は有料であり、しかも専門家向けです。最低でも自分でプログラムが書ける人でなければ、わざわざ購入する意義は薄いでしょう。2. の少納言は web で BCCWJ を検索するシステムであり、いわば「お試し版」です。BCCWJ の正式公開以前からパイロット版として存在していました。3. の中納言は様々な機能を搭載した検索システムであり、この本の主題です。4. の NLB は語と語のコロケーションを調べるのに特化した web サイトです。例えば先程の「○○をさす」に入る言葉を調べたり、「学校の○○」に入る言葉を調べるというような作業が簡単にできます。アドレスは https://nlb.ninjal.ac.jp です。インターフェースは直感的で、クリックだけで簡単に使えますが、製作者による解説本として赤瀬川ほか（2016）があります。

BCCWJ について簡単に説明してきましたが、より詳しい情報が必要な場合は山崎（編）（2014）も参考にしてください。また、ネット上で公開されている『BCCWJ 利用上の手引き』（https://ccd.ninjal.ac.jp/bccwj/doc.html）も参考になります。自身が利用するコーパスの特性を知っておくことは非常に重要です。

4　「少納言」とは

先程、「少納言」はお試し版だと書きましたが、BCCWJ を使って簡単な調査をするだけなら、少納言も十分な力を発揮します。検索サイトから「少納言」で検索すればすぐに見つかると思います。スマホから検索することも可能です。

少納言　　https://shonagon.ninjal.ac.jp/

検索にあたっての注意点

検索文字列の制約：
本サイトで検索できる文字列は最長で10
文字までです。

検索方式：
本サイトでは全文検索をおこなっています
ので、指定された文字列を含むすべてのテ
キストが検索されます。例えば検索文字列
に「リズム」を指定すると、「リズム」だ
けでなく、「アルゴリズム」や「フォルマ
リズム」などが検索され、「国語」を検索
すると「母国語」「外国語」なども検索さ
れます（本コーパスの正式公開版では、単
語を単位とした検索ができるようになりま
す）。

検索結果の上限：
検索文字列にヒットした非常に多くの結果

図1−4−1｜「少納言」トップページ

　図1-4-1のようなサイトです。検索を行う際は、ページの一番下までス
クロールし、「利用条件を読んで少納言を使う」をクリックします。規約に同
意すると、検索窓が現れ、検索を行えるようになります。試しに、「嬉しい」
を検索してみましょう。3,602件の結果が見つかり、うち500件が表示され
るはずです。

　結果の画面の一番上の見出し行をクリックすると、並べ替えを行うことが
できます。中納言も同じですが、ランダムな例をみていても、法則性に気づ
くことは難しいです。しかし、並べ替えを行うことで見えてくるものがあり
ます。「前文脈」と書かれているマスをクリックし、並べかえを行い、「嬉し
い」の直前にどんな例が多いか確かめてみてください。「と、嬉しい」のよう
なパターンが多く、特に「〜して頂けると、嬉しい」のような例が目立つは
ずです。我々は生活の中で、このように「嬉しい」を使っているということ
です。

それでは、実際に検索条件を指定して、少納言をご利用ください。

::: 利用条件を読んで少納言を使う

図1−4−2│「少納言」を使うには、このボタンを押す

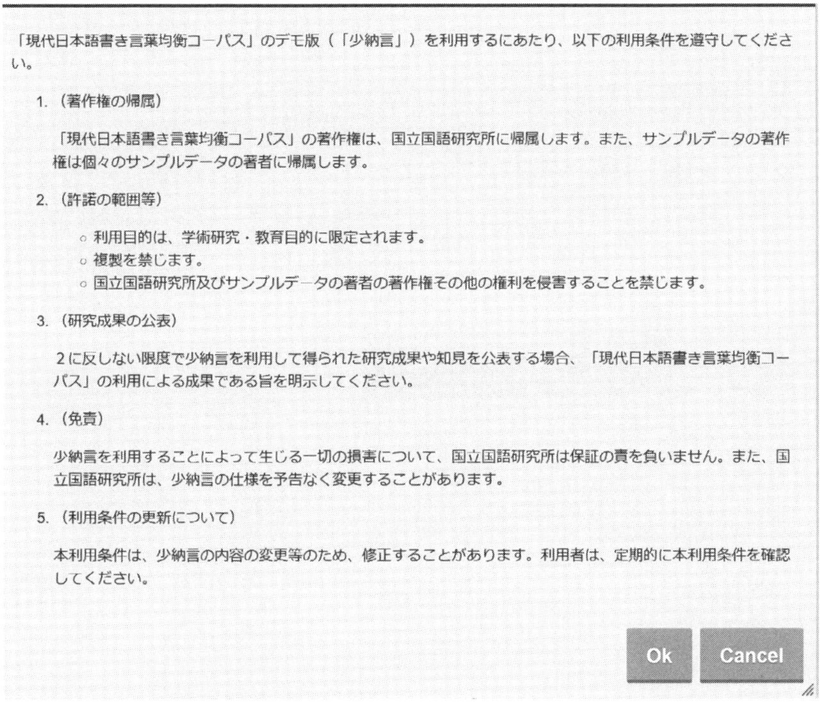

「現代日本語書き言葉均衡コーパス」のデモ版（「少納言」）を利用するにあたり、以下の利用条件を遵守してください。

1. （著作権の帰属）

   「現代日本語書き言葉均衡コーパス」の著作権は、国立国語研究所に帰属します。また、サンプルデータの著作権は個々のサンプルデータの著者に帰属します。

2. （許諾の範囲等）

   ○ 利用目的は、学術研究・教育目的に限定されます。
   ○ 複製を禁じます。
   ○ 国立国語研究所及びサンプルデータの著者の著作権その他の権利を侵害することを禁じます。

3. （研究成果の公表）

   2に反しない限度で少納言を利用して得られた研究成果や知見を公表する場合、「現代日本語書き言葉均衡コーパス」の利用による成果である旨を明示してください。

4. （免責）

   少納言を利用することによって生じる一切の損害について、国立国語研究所は保証の責を負いません。また、国立国語研究所は、少納言の仕様を予告なく変更することがあります。

5. （利用条件の更新について）

   本利用条件は、少納言の内容の変更等のため、修正することがあります。利用者は、定期的に本利用条件を確認してください。

Ok   Cancel

図1−4−3│「少納言」の利用規約

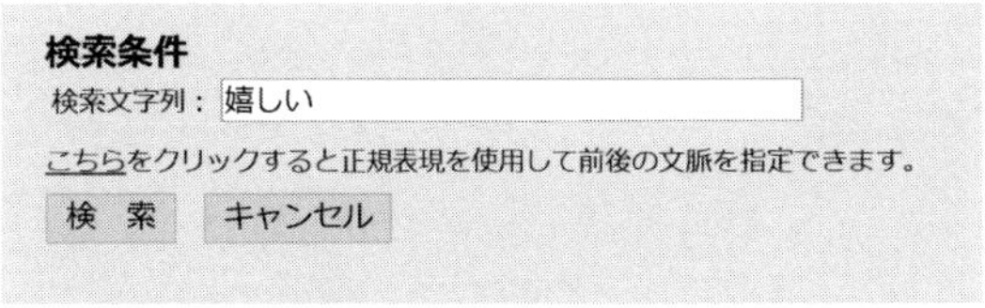

検索条件

検索文字列：嬉しい

こちらをクリックすると正規表現を使用して前後の文脈を指定できます。

検　索　キャンセル

図1−4−4│「少納言」での検索の例

　検索画面の下の方では先程説明した様々な文書の種類を選ぶことができます。「Yahoo! ブログ」「広報紙」といった大まかな指定だけでなく、「白書」の

表示番号	前文脈 ▼	検索文字列	後文脈
10	私は、なんて！ 幸せな人間なんでしょう！ブログを始めてから、こんなに＾＾	嬉しい	ことはございませんの（＾。＾）実は！ バーバさんが」「とっても！貴重な！」 ht
13	作者に視聴者の気持ちが伝わってくれたのでしょうか？そ、それは本当ですか？？？？？	嬉しい	お知らせを、ありがとうございます！今まで、批判的だった人達にこそ、最終回の阿久津
114	、かつて味わったことのない奇妙な感覚だ。「海外旅行に連れいってやるぞ」「ほんと？	嬉しい	わ」「江ノ島へ海水浴だ！」―四十年前の漫才である。こんなことで笑える大人が、私に
469	る誉め言葉なのですが、私はどうも言われても素直に喜びを表現できません。変ですか？	嬉しい	のは嬉しいのですが、何よりも照れくささが先に立ってしまいます。友人などは可愛らし

図1－4－5｜「嬉しい」の検索結果

■ 国 教科書 (2005～2007)			
☑ 国語：	□ 小	□ 中	□ 高
□ 数学：	□ 小	□ 中	□ 高
□ 理科：	□ 小	□ 中	□ 高
□ 社会：	□ 小	□ 中	□ 高
□ 外国語：	□ 中	□ 高	
□ 技術家庭：	□ 小	□ 中	□ 高
□ 芸術：	□ 小	□ 中	□ 高
□ 保健体育：	□ 高		
□ 情報：	□ 高		
□ 生活：	□ 小		

図1－4－6｜文書の種類の選択（一例）

ジャンルや、「教科書」の学年・科目なども細かく指定することができます。

5　正規表現を使った検索（上級者むけ）

　検索窓の下には、「こちらをクリックすると正規表現を使用して前後の文脈を指定できます。」と書いてあります。青い文字をクリックすると「前文脈」「後文脈」という入力欄が現れ、この2つの欄でのみ、正規表現を使うことが

検索条件

検索文字列：	嬉しい	
前文脈：	と$	前後文脈の指定について
後文脈：		

検　索　　キャンセル

図1－5－1｜正規表現を使って「～と嬉しい」を調べる

できます。検索文字列に対しては正規表現を使うことができないので、注意してください。

　これは厳密に言えば、検索結果の「前文脈」ないし「後文脈」のマスに対して正規表現で絞り込みをかけていると理解するべきです。よって、先程の「嬉しい」の直前が「と」で終わる例のみを表示するには前文脈には「と」ではなく「と$」のように指定しなければなりません。($ は行末を意味する正規表現)。もっともこの程度のことならば最初から「と嬉しい」で検索したほうがよいでしょう。これが威力を発揮するのは、呼応の割合を調べる時です。例えば、「きっと」を検索すると 7,678 件見つかります。ところが、後文脈で「だろう」を加えて検索すると 1,159 件に落ち込みます。必ずしも「きっと～だろう」と呼応しているわけではないということです。なお、「だろう」以外の例で終わっているものを見たいときは、例えば後文脈に「[＾ う]。」を入れて検索するとよいです。([＾] はある文字の否定を意味する正規表現)。正規表現は覚えておくと仕事のあらゆる面がスピードアップするほど非常に強力なテクニックです。本書の第 6 章でも利用します。正規表現についての解説書としては、大名（2012）や淺尾・李（2013）の第 3 章が有益です。

　こうしてみると、かなり便利なようですが、少納言はあくまでもお試し版。限界もあります。まず、少納言は文字列しか検索することはできません。例えば、「嬉しい」で検索した場合、「うれしい」や「うれし～～！」はヒットしません。また、「嬉しく思います」「うれしかったです」のように活用に対応することもできません。全てを網羅するためには、表記や活用形を組み合わせて何度も検索を繰り替えさなければなりません。ある組み合わせをうっかり抜かしてしまうかもしれません。

もう1つの限界は、検索結果が多数あった場合に500件しか表示されないこと、そして、その500件が検索するたびにランダムに選ばれることです。結果が毎回変わるというのは研究にとってはかなり致命的です。簡単な調べ物をする際には少納言でも十分な力を発揮しますが、じっくり研究をするには少納言だけでは難しい場合も出てきます。

6　「中納言」とは

　「中納言」の利用登録には、ユーザ登録が必要ですが、その分強力な検索ができます。先程、少納言は文字列しか検索できないと書きましたが、中納言は形態素情報を元に検索をすることができます。これはどういうことでしょうか。

　BCCWJのデータは、実はただの文字だけではなく、形態素解析という技術によって、どこからどこまで1つの単位でどのような属性を持っているのかということが事細かに記述されています。わかりやすいように以下に、例を挙げます。

公共工事請け負い金額の動き
<sentence>
　<LUW B="B" SL="v" l_lemma="公共工事請け負い金額" l_lForm="コウキョウコウジウケオイキンガク" l_wType="混" l_pos="名詞 - 普通名詞 - 一般">
　　<SUW lemma="公共" lForm="コウキョウ" wType="漢" pos="名詞 - 普通名詞 - 一般" pron="コーキョー">
　　　公共
　　</SUW>
　　<SUW lemma="工事" lForm="コウジ" wType="漢" pos="名詞 - 普通名詞 - サ変可能" pron="コージ">
　　　工事
　　</SUW>

```
<SUW lemma="請け負い" lForm="ウケオイ" wType="和" pos="名
詞-普通名詞-一般" pron="ウケオイ">
    請負
</SUW>
<SUW lemma="金額" lForm="キンガク" wType="漢" pos="名詞-普
通名詞-一般" pron="キンガク">
    金額
</SUW>
</LUW>
<LUW SL="v" l_lemma="の" l_lForm="ノ" l_wType="和" l_pos="助詞
-格助詞">
    <SUW lemma="の" lForm="ノ" wType="和" pos="助詞-格助詞"
pron="ノ">の</SUW>
</LUW>
<LUW B="B" SL="v" l_lemma="動き" l_lForm="ウゴキ" l_wType="
和" l_pos="名詞-普通名詞-一般">
    <SUW lemma="動き" lForm="ウゴキ" wType="和" pos="名詞-普通
名詞-一般" pron="ウゴキ">
        動き
    </SUW>
</LUW>
```

　一見何が書かれているかわかりませんが、例えばwType は和語・漢語など
の語種、pos は品詞です[i]。この埋め込まれた情報を検索に活用することができ
るのが「中納言」なのです。「lemma」という情報は「語彙素」と呼ばれ、辞
書の見出し語に当たります。「うれしい」も「嬉しく」もこの部分は <lemma
="嬉しい">のように埋め込まれています。そうすると、この部分を使うこ
とで、表記の違いや活用の違いをまとめて、一括して用例を検索することが

i──品詞は英語でpart of speechです。略してposという語がよく用いられます。

できます。その他にも、「てもいい」の前にくる動詞を検索する、文末が接続助詞の「が」で終わる例を検索する、副詞「のんびり」の後ろから5語以内に出現する動詞を検索する、など非常に複雑な条件の検索が行えることが特徴です。

　なお、形態素解析を行うには形態素解析器というプログラムと、単語の辞書が必要です。BCCWJで用いられた形態素解析器はmecab、辞書はUniDicといいます。これらは、本書執筆現在、日本語の研究でよく用いられる組み合わせです。

　そのほかにも少納言と中納言にはいくつかの違いがあります。表1-6-1にまとめました。

表1－6－1｜「少納言」と「中納言」の比較

	「**少納言**」	「**中納言**」
ユーザ登録	不要	必要
料金	無料	無料
検索方法	文字列検索のみ	形態素情報が利用可能
検索できる件数	500例まで	10万例まで
Excel 形式でのダウンロード	できない	できる
前後の文脈	20文字で固定。	10文字 –500文字まで選べる。詳しい情報も付与可能。
検索対象コーパス	BCCWJ のみ。	いろいろなコーパス。今後も増える予定。

　余談ですが、「少納言」「中納言」ときたら、「大納言」はないのですか、という質問をよく受けます。実は「大納言」はコーパスを構築・編集するためのアプリケーションの名称です。よって「大納言」は存在するのですが、利

用できるのはコーパス構築に携わる人だけに限られます。

7　コーパスとツールの関係

　ここで、少し用語をおさらいしておきます。BCCWJ というのは『現代日本語書き言葉均衡コーパス』の略称でコーパスの名称です。すなわち、たくさんの言語の実例が収められた観察対象の名前です。一方で、「中納言」「少納言」というのはそれを検索するためのツールの名称、道具の名前です。

　時々論文などで、「中納言を検索した」というように書かれているのを見かけることがありますが、これはおかしな言い方です。天文学でたとえると、「天体望遠鏡を観測した」と書くようなものだからです。料理でたとえると、「フライパンを炒めます」と言っているようなものです。正しくは、「天体望遠鏡で、南の空を観測した」とか「フライパンで具材を炒めます」ですね。

　同様に「少納言コーパス」とか「KOTONOHA コーパス」という言い方も間違いです。「KOTONOHA」というのは国立国語研究所が進めているコーパス構築プロジェクトの名称です。「少納言」のトップページにはこのKOTONOHA の文字が大きく表示されていたのですが、これは単一のコーパスの名称ではありません。コーパスの名称としては『現代日本語書き言葉均衡コーパス』が正式なものです。以下、表に誤った書き方と正しい書き方をまとめておきました。

表1−7−1│調査結果を報告するときの書き方

誤り	正しい
中納言を検索した。	中納言で検索した。
使用したコーパスは「中納言」である。	使用したコーパスは BCCWJ、使用ツールは「中納言」である。
KOTONOHA コーパスを調査した。	「少納言」を用いて、『現代日本語書き言葉均衡コーパス』を調査した。

8 「中納言」の登録方法

　では、本章の最後に、中納言の登録を行いましょう。「中納言」の利用には
ユーザ登録が必要です。中納言の URL は https://chunagon.ninjal.ac.jp/ です。
「コーパス　中納言」で検索すれば、簡単に見つけられるはずです。

　「ユーザ登録の申請」という文字を選ぶと、申請画面に移動します。申請に
は「登録コードをショートメッセージで受け取る」方法と、「登録コードを郵
便（封書）で受け取る」方法がありますが、携帯電話・スマートフォンをお持
ちの方はできるだけショートメッセージで受け取るようにしてください。

図1−8−1│中納言のログイン画面

　登録にはメールアドレス、氏名と所属、携帯電話・スマートフォンの電話
番号が必要です。メールアドレスは登録作業にも使いますし、ログイン時に
も毎回入力します。中納言についてのお知らせが送られてくることもありま
す。その場で確認でき、普段よく使っているアドレスにしておきましょう。

　その下には、利用するコーパスを選ぶ欄があります。まずは『現代日本語
書き言葉均衡コーパス』（BCCWJ）について利用申請をしましょう。最初は右

登録コードをショートメッセージで受け取る

メールアドレス（ユーザ名）	
メールアドレス（ユーザ名）（確認）	
姓		名	
所属	

所属なしの方は「なし」と入力ください。学生の方は
所属学校名を入力ください。

携帯電話・スマートフォンの電話番号

ショートメッセージを受信可能な携帯電話・スマートフォンの電話番号を半角文字で入力してください。
日本国外の携帯電話・スマートフォンの場合は、＋国番号で始まる電話番号を入力してください。
例：
　　日本国内の場合　　　090-XXXX-XXXX
　　韓国（国番号82）の場合　+82XXXXXXXXX（先頭の＋も含めて入力してください）

ご利用の携帯電話やスマートフォンで、ショートメッセージが「受信拒否」設定になっていると、ショートメッセージを受信する
ことはできません。また、ご利用の通信事業者や通信事業者とのご契約内容によってはショートメッセージの受信に料金がかかる
場合があります。

図1−8−2│利用登録画面

| 現代日本語書き言葉均衡コーパス BCCWJ | 利用規約を確認する | 用途 |
| | | □ このコーパスの規約に同意して利用を申請する |

図1−8−3│利用するコーパスを選ぶ

の欄には入力することができません。「利用規約を確認する」という青いボタ
ンを押してください。

　そうすると、別の画面でPDFが開き、BCCWJの利用規約が現れるので、

図1−8−4│BCCWJの利用規約

目を通すようにしてください。

　読んだ後、元の画面に戻ると（PDFは閉じても構いません）、右の欄に入力ができるようになっています。利用目的には「研究のため」「授業準備のため」など、自分で目的を入れてください。最後に、「このコーパスの規約に同意して利用を申請する」のチェックボックスにチェックを入れればOKです。

図1-8-5｜利用規約を読んだら、コーパスの用途を記入

　他のコーパスについてですが、興味があるものはとりあえず規約を読み、利用申請をしておけばよいでしょう。本書の第13章でも、各コーパスの簡単な説明を行っています。「中納言」は基本を押さえておけば、他のコーパスも自由に検索できます。また、複数のコーパスを一括で検索する横断検索機能もあります。現代語を検索したら、古典語について意外なことがわかる、ということもあるかもしれません。

　利用申請をするすべてのコーパスにチェックを入れたら、一番下の「submit」というボタンを押してください。

　ここからの流れとしては、登録が無事に完了すると、まずスマートフォンに登録コードが送られてきます。ただし、すぐに送られてくるとは限りません。国立国語研究所の業務時間については、登録ページに注意書きがありますので、よくお読みください。次に、メールアドレスの方に「中納言からのお知らせ」というメールが届きます。このメールにはURLとパスワードが記載されています。URLをクリックした後、先ほど携帯電話に送られてきた「登録コード」を入力すれば、登録完了です。登録が終わったら、もう一度「中納言」の画面を開いてみましょう。登録に使ったメールアドレスと、メールに書いてあったパスワードを使って、ログインしてみましょう。以下のようなコーパス選択画面になるはずです。

　上の検索窓は第13章で紹介する「包括的検索」を行うためのものなので、今は使いません。下のリストの中から、一番上の『現代日本語書き言葉均衡コーパス　中納言版』をコーパスの検索画面に移動します（図1-8-7）。なお、

図1−8−6｜コーパスを利用する時は、下からコーパスを選択

先ほど利用申請をしなかったコーパスについても、このコーパス選択画面から、いつでも追加をすることができます。一度にたくさん登録をするのは面倒だからまずは BCCWJ だけ利用申請を行い、その後必要に応じてコーパスを追加するというやり方でも構いません。

図1−8−7｜「中納言」の検索画面

章 末 問 題

1 「少納言」を使って検索を行ってみましょう。似たような意味の語を2つ選び、まず
   どちらのほうがよく使われているか予想してください。その後、2つの語をそれぞれ
   検索します。どちらが多いか、当てることができましたか？　グループワークでやる
   と楽しいです。
2 「中納言」の登録を行いましょう。

第2章

中納言の検索単位

1　中納言は語を検索するツール

　前章では中納言の登録までを行いました。この章では早速ログインして使ってみましょう。コーパス検索画面で『現代日本語書き言葉均衡コーパス　中納言版』を選択します。

　上のタブからは「短単位検索」「長単位検索」「文字列検索」「位置検索」という４つのモードが選べるようになっています。

　このうち、「位置検索」とは一度検索した結果の用例の前後を知りたいときに使う機能です。ダウンロードした結果にはどの文章のどの位置かを示す番号が付与されているので、これを入力することで実際の用例にあたることができるというわけです。詳しくは第14章で解説します。

　また、「文字列検索」は基本的には少納言と同じく、入力した文字をそのまま検索するシンプルな機能です。

　中納言の主力となるのは「短単位検索」と「長単位検索」です。これらの説明をする前に、まず押さえておく必要があるのは、**中納言は文字ではなく、単語を検索している**という事実です。例えば、「わずらわしい」という語を調べようとしているとします。文字列検索ならば、「わずらわ」まで打って、そこで面倒くさくなって検索ボタンを押しても、結果は出力されます。しかし、中納言ではこの方法では検索できません。「わずらわ」という語は日本語には

存在しないからです。同様に「ペペロン」ではだめで、きちんと「ペペロンチーノ」と入力しなければなりません。入力するのはあくまでも「単語」であるという認識を持つ必要があります。

　ところで、単語とはどこからどこまででしょうか？例えば「山里」は1単語でしょうか？それとも2単語でしょうか？「学生食堂」は？「試行錯誤する」は？語を考えるときには必ずこういった疑問が付きまといます。簡単に線を引けるものではありません。そこで、中納言では検索単位として2つのレベルが用意されています。この2つの違いは一言でいえば単語の切り方です。

表2-1-1 | 短単位と長単位の違い

短単位	長単位
国立／国語／研究所	国立国語研究所
勉強／する	勉強する
食べ／て／しまっ／た	食べ／てしまっ／た
ヒート／アップ／し／すぎる	ヒートアップしすぎる

　短単位は一般的に学校文法での「単語」の単位に近いです。基本的には漢字2文字までを1単位とするという原則があります。長単位はこの短単位を複数組み合わせたもので、「話し始める」のような複合動詞や、「について」のような複合辞を1つの単位とするようにしたものです[ii]。
　すべての用例について、短単位と長単位の両方の切り方が与えられていますので、どちらかでは検索できない用例というものはありません。しかし、

---

ii──「～始める」「～出す」のような統語的複合動詞（影山　1993）は短単位では2語、長単位では1語となっていることが多いです。「乗り込む」「押し潰す」のような語彙的複合動詞は短単位でも1語となっていることが多いです。

検索結果を集計する時には大きな違いが出てきます。例えば、短単位検索モードの場合、サ変動詞の活用部分はすべて「する」という形で切られるため、集計すると「する」が非常に多くなります。しかし、その多くの例は「努力する」「研究する」など様々な語を伴うものです。同様に、短単位検索モードで「いる」が多く表れた場合、その例は「〜ている」という補助動詞である可能性も常に考慮しておかなくてはなりません。一方、長単位検索モードを使った時の問題点は、語と語を組み合わせたものは別の語と認定するため、とにかく語の種類数が増えすぎてしまうというものです。また、「食べる」と「食べ過ぎる」などは異なる語として処理されますが、こうしたことが集計の時にかえって問題になるかもしれません。

　どちらのモードを使うのがよいかということについては一般的に答えることはできません。各自の研究課題について、どちらの特性があっているかということを考える必要があるからです。余裕があるならば、両方のモードで検索、集計をしてみて、知りたい内容をより明確に描き出すことができるほうを採用するのがよいでしょう。

2　簡単に検索してみよう

　では、まずは短単位検索モードで検索を行ってみましょう。検索窓の左側のメニューが「書字形出現形」になっていることを確認したうえで、「素晴らしい」と窓に入力し、**書字形出現形** が 素晴らしい という条件にして、検索ボタンを押してみてください。赤い丸のアニメーションが表示され、それが止まると下に結果が表示されます。正しく検索されていれば、「2,706 件の検索結果が見つかりました。」と表示されるはずです。検索をした後は、必ず表示された検索結果を確認するようにしてください。意図していない結果になっていたり、欲しい例が含まれていないこともあります。

　今回の検索結果にはある共通点があります。それはすべてが「素晴らしい」という漢字が用いられていること、そして、「素晴らしい」という形のみで（終止形と連体形）、「素晴らしく」「素晴らしかっ」のような形は含まれていないことです。これは検索に使用した条件が「書字形出現形」であるからで

す。「書字形」とは書かれた文字のことで、ここでは平仮名、カタカナ、漢字といった字種の区別をするという意味です。また、「出現形」とは実際にコーパスに出現した形という意味で、「素晴らしい」と入力すれば、この5文字を使用したパターンのみが検索されるということです。ただし、先にも述べたように、あくまでも中納言は「語」を検索単位としますから、「素晴ら」という形で検索をすることはできません。これは「語」ではないからです。

　では、次に左側のメニューを「語彙素」に変え、**「語彙素」**が 素晴らしい という形で検索してみましょう。今度は検索結果が 6,323 件と大幅に増えたはずです。例を見ると、「すばらしい」「素晴ރしく」のように字種や活用形も様々なものが含まれているはずです。

　「語彙素」とは聞きなれない用語だと思いますが、コーパス言語学では「代表形」「lemma（レンマまたはレマ）」などと呼ばれることもある概念です。これは様々な書き方をしたりあるいは活用したりする語について、まとめて検索するための形を1つ決めておくということです。辞書の見出し語を想像するとよいかもしれません。「素晴らしく」の意味を辞書で調べたいとき、私たちは「すばらし・い」という項目を引きますよね。「ひらがな」かつ「終止形」しか辞書には書かれていませんが、「素晴らしく」の意味を調べるときはここを参考にすればよいのです。

　まとめると、ある語について、表記や活用の違いを超えて、全ての例を収集したい時は「語彙素」を検索条件にすればよく、ある特定の表記や形だけを取り出したい時は「書字形出現形」を検索条件にすればよいということになります。

3　「する」が存在しない！？

　表記や活用形をまたいで検索を行うには「語彙素」を検索条件とするとよいと述べました。ところが、日本語でよく使われるサ変動詞の「する」を調べようと思って、**「語彙素」**が する で検索すると、何と 53 件しか見つからないのです。これはどういうことでしょうか。「語彙素」は辞書の見出し語に相当するものですが、日本語には多数の同音異義語が存在します。中納言が

使用している UniDic というコンピュータ用の辞書では、この同音異義語をできるだけ様々な漢字表記を使って区別するようにしています。そして、ひらがな表記の「する」は「スルッと皮がむけます」のようなオノマトペのために割り当てられているのです。サ変動詞の「する」の語彙素は「**為る**」という表記になっています。現代では見慣れない表記ですが、近代の小説ではしばしば使われる表記です。

　このように、語彙素はコーパス上の語を漏れなく拾い上げるには便利な概念なのですが、その表記は日常的なものからかけ離れていることがあります。他にも、程度副詞の「とても」の語彙素は「**迚も**」という非常に難しい漢字を使いますし、動詞の「いる」も実際にはひらがな表記のことが多いのですが、語彙素は「**居る**」です。補助動詞の場合も同じです。語彙素は表記や用法ではなく、語を参照するための最上位の見出し語であるからです。

53 件の検索結果が見つかりました。
検索対象語数：124,100,964　記号・補助記号・空白を除いた検索対象語数：104,911,460

サンプル ID	開始位置	連番	前文脈	キー	後文脈	語彙素読み	語彙素
PM11_00556	10450	6360	を|歌って|み|たい|と|強引|に|頼み込ん|だ|感じ|です|よ|ね。＃|そ|し|たら|意外|に|	スルッ	|と|いけて|。＃|周り|の|人|は＃|「|奇跡|だ|！|」＃|と|か|驚い|て|た|ん|です	スル	する

図2－3－1｜「語彙素」が「する」で検索した結果

4　文字列検索を使った確認方法

　サ変動詞の「する」が「為る」であったり、「とても」が「迚も」であったりするようなことはどうすれば事前にわかるのでしょうか。実は、文字列検索を行うことで、語彙素を確かめることができます。

　上のタブで文字列検索に切り替え、「勉強する」を検索してみましょう。その語彙素は「為る」であることがわかります。

　また、文字列検索をすることで、短単位・長単位の切り方を知ることもで

前文脈	キー	後文脈	語彙素読み	語彙素	語彙素細分類	品詞	活用型	活用形
車|が|動か|なく|なった|よう|に|見せかけ|た|ん|です|ね。#|糖尿|病|の|こと|を|勉強|	する	|の|が|面倒|に|になった|の|か|も|しれ|ない|な」|#「|さ|あ、|それ|は|どう|でしょう	スル	為る		動詞-非自立可能	サ行変格	連体形-一般

図2-4-1 | 「する」の語彙素の確認

きます。上の検索結果では、「する」だけが表示されており、「**勉強 | 為る**」のように切れることがわかります。しかし、検索結果で詳しい情報が表示されるのは、一番最後の語だけです。例えば、「かもしれない」の切り方や語彙素を知りたい時にはどうすればよいのでしょうか。このような場合は、「かもしれない」で文字列検索を行い、適当な例の一番左の列、サンプル ID の青い文字列をクリックすると、文脈のすべての語の詳細情報を確認することができます（図2-4-2）。結果は

　　か　　語彙素＝か　　品詞＝副助詞
　　も　　語彙素＝も　　品詞＝係助詞
　　しれ　語彙素＝知れる、品詞＝動詞、活用形＝未然形
　　ない　語彙素＝ない　　品詞＝助動詞、活用形＝終止形

のようになります（図2-4-3）。

　また、図2-4-4に示した「結果表示単位」のメニューを切り替えることで、短単位検索と長単位検索での切り方の違いを確認することもできます。長単位検索モードでは「勉強する」は「勉強する」という語彙素の動詞であり、「かもしれない」も「かもしれない」という語彙素の助動詞になります。

　何か検索を行う時には、まずは文字列検索で語彙素を確認することを推奨します。筆者はかつて『日本語教育のための文法コロケーションハンドブック』（2014年　くろしお出版）という本を書いたのですが、理由を表す「ので」

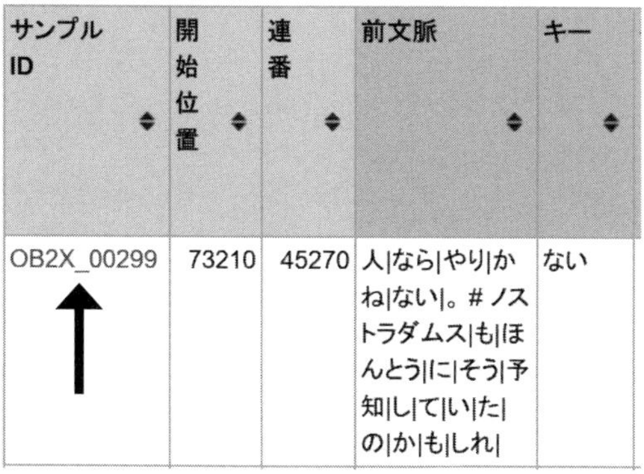

サンプル ID	開始位置	連番	前文脈	キー
OB2X_00299	73210	45270	人|なら|やり|かね|ない|。#ノストラダムス|も|ほんとう|に|そう|予知|し|て|い|た|の|か|も|しれ|	ない

図2-4-2｜サンプルIDの青い文字をクリックする

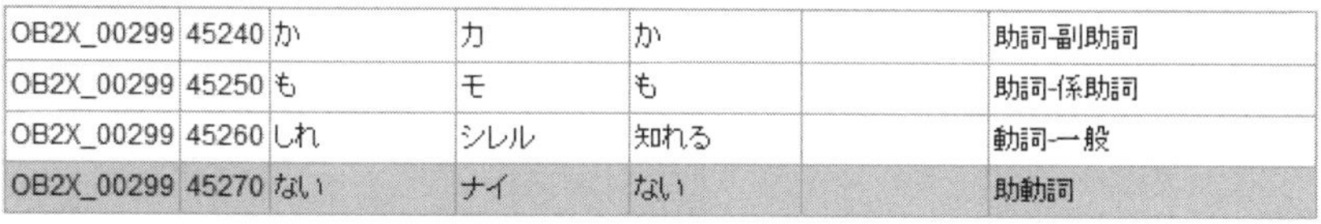

OB2X_00299	45240	か	カ	か		助詞-副助詞
OB2X_00299	45250	も	モ	も		助詞-係助詞
OB2X_00299	45260	しれ	シレル	知れる		動詞-一般
OB2X_00299	45270	ない	ナイ	ない		助動詞

図2-4-3｜「かもしれない」の形態素解析結果

図2-4-4｜短単位と長単位の表示結果の切り替え

の検索がどうしてもうまくいかずに困った経験があります。当時は、文字列検索で確認すればよいというノウハウを知らなかったからです。「ので」はよく使う語ですが、意外な語彙素の意外な形でした。章末問題に含めておきましたので、ぜひ自分の目で確認してください。

章 末 問 題

　以下のフレーズを文字列検索モードで検索し、短単位・長単位のそれぞれで、語の切り方、語彙素と品詞、そしてあれば活用形がどうなっているかを確認しなさい。

(1)「言いにくい」
(2)「ので」
(3)「自転車」
(4)「言わざるをえない」
(5)「手伝ってくれた」

第3章

基礎的な検索

1 ある語の条件を詳しく設定して検索する

ここでは、ある語の検索条件を詳しくして検索する方法を紹介します。例として、「詳しい」という形容詞が「詳しく」という形で副詞的に用いられている場合を検索することを考えてみましょう。検索条件を「**語彙素**」が 詳しい に設定すれば、たくさんの用例が検索できますが、必要のない形も混ざります。一方で、「**書字形出現形**」が 詳しく に設定すれば、今度は表記の違いで、「詳しく」は検索できるけれども、「くわしく」は検索できないということになります。

このような場合は、**右側の** ＋短単位の条件の追加 **と書かれたボタン**を押すことによって、1つの語の検索条件を増やすことができます。そして、1行目で「**語彙素**」が 詳しい 、2行目で「**活用形**」の「**大分類**」が「**連用形**」を選ぶ

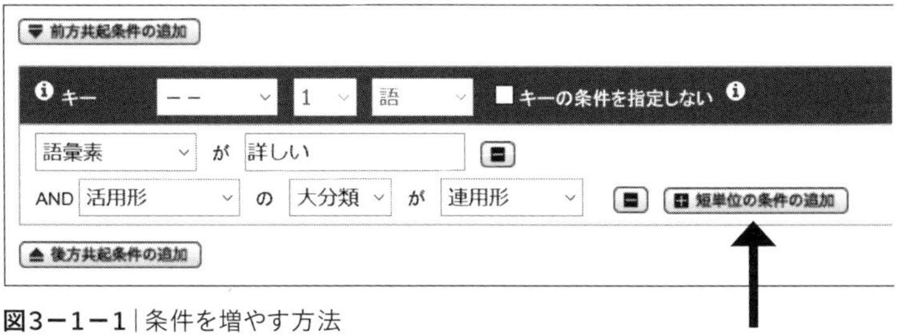

図3－1－1│条件を増やす方法

33

ことで、「詳しく」と「くわしく」の両方を検索することができます。

　1つの語の条件を詳しくすることは、同音異義語の区別にも有効です。助詞の「が」には、「先生がいる」のような格助詞のものと、「知ってはいたが、止められない」のような接続助詞のものがありますが、どちらも語彙素は「が」です。この時も、「**語彙素**」が　が　AND「**品詞**」の「**小分類**」が「**助詞－格助詞**」を選択することで、自分にとって必要なものだけを選択することができます。

　1つの語の条件を詳しく設定することで、検索時間が遅くなることはありません。

2　複数の語を検索する

　中納言は「語」を単位として検索を行うシステムです。では、複数の語、例えば「いい話」のようなパターンを検索するにはどうしたらよいでしょうか？　今まで検索に使っていたのは「キー」と呼ばれる部分です。これに対して、キーの上下にあるボタンを押すことで、「前方共起語」「後方共起語」を増やすことができます。この時、「いい」をキーにして後方共起語を「話」にしてもよいですし、「話」をキーにして「いい」を前方共起語にしても構いません。ただし、詳しいデータが得られるのはキーの部分です。ですから、「いい話」と「良い話」の表記の違いにも着目したい場合は、キーの語彙素を「良い」とし、後方共起1の語彙素を「話」とするとよいでしょう。そし

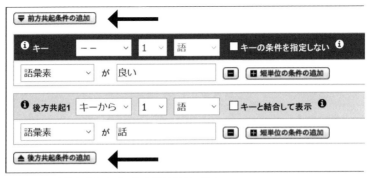

図3－2－1｜前方共起条件・後方共起条件の追加

て、それぞれに図3-2-1のように入力することで「いい話」を検索することができます。

キー：「語彙素」が 良い
後方共起1：キーから1語 「語彙素」が 話

前方共起・後方共起はデフォルトではキーから1語になっていますが、図3-2-2のようにキーからの位置を変更することができます。また位置は「語」と「語以内」を選ぶことができます。

図3-2-2｜キーから2語以内に「た」が出現する例を検索する方法

例えば、以下の条件で検索してみましょう。

キー：「語彙素」が 食べる
後方共起1：キーから2語以内 「語彙素」が た

この条件では「食べ｜た」「食べ｜まし｜た」「食べ｜られ｜た」の全てが検索されます。しかし、キー：「**語彙素**」が 食べる 、後方共起1：キーから2語、「**語彙素**」が た という条件にした場合は、キーから1語のパターンが排除されますから、「食べ｜まし｜た」「食べ｜られ｜た」は検索されますが、「食べ｜た」は検索されません。

3　インターフェースのまとめ

語の数を増やす方法と、ある語の条件を増やす方法は混同しやすいので、図にしてまとめておきます。まず、どんな時も「キー」が基本になります。
　語の前方共起、後方共起を増やす時は、キーの上下にある▲▼のボタンを

押します。キーや共起語の条件を詳しくするときは $\boxed{+}$ のボタンを押します。また、語の前方共起、後方共起を減らす時は右端にある $\boxed{-}$ ボタンを押します。キーや共起語の条件を減らす時は $\boxed{+}$ のボタンの近くにある $\boxed{-}$ ボタンを押します。

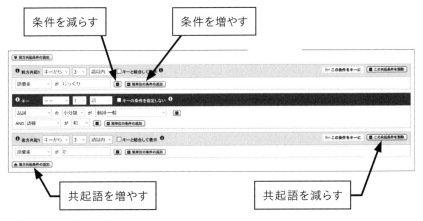

図3−3−1｜インターフェースのまとめ

4　検索結果とダウンロード

　中納言は 10 万件まで検索できますが、結果はそのうち 500 件がランダムでブラウザ上に表示されます。表示される項目は図 3‑4‑1 のチェックボックスで変更することができます。しかしながら、検索結果が 500 件以上の場合見つかる用例はいつも同じなのですが、表示される 500 件は毎回異なります。そのため、研究をするためには結果をダウンロードすることが重要です。

　「**検索結果をダウンロード**」というボタンを押すと、Excel 形式で結果をダウンロードすることができます。ダウンロードした Excel ファイルをどのように分析していけばよいかは、第 2 部で扱います。

　なお、ダウンロードをする前に、必ずしも検索を行う必要はありません。「**検索する**」とは検索を行って、ブラウザ上にそれを表示する処理であり、「**検索結果をダウンロード**」は検索を行って、Excel 形式にして保存する処理です。どちらも一から検索を行っていることに変わりはありません。

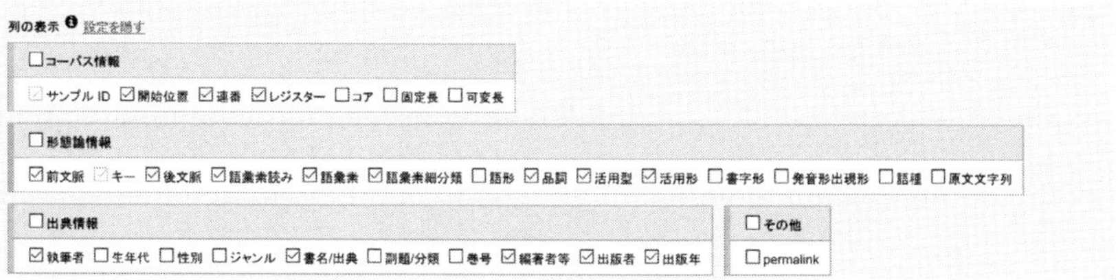

図3−4−1｜表示項目の設定

　しかしながら、ダウンロードが成功した場合でも、必ずしも検索がうまくいっているとは限りません。例えば、「検索する」を押した場合、語彙素が間違っていた時などは「検索条件に該当するデータは見つかりませんでした」と表示されますが、検索結果をダウンロードした場合は、Excel形式のファイルが生成されるので、検索がうまくいったと誤解しがちです。しかし、ファイルを開いてみると、データが何もなかったりします。また、条件を間違えて、うまく検索できていないこともあります。検索をした場合は必ず用例を見て確認するようにしましょう。特に何度も続けてデータを集めるときほど、ダウンロードする前に事前に検索条件がそれでよいか、ブラウザで確認しておくことが重要です。

5　検索動作オプション

　ここで検索動作オプションについても解説しておきます。図3-5-1に示した部分です。

　文脈中の区切り記号は、今までも検索結果に表示されていたものです。「そう｜です｜ね｜。＃では｜、｜私｜が｜やり｜ましょう｜。＃」のように、語と語の境界に縦棒が入っています。これが見にくいと感じたら、消すこともできます。しかし、一見、見にくいのですが、ダウンロード後に様々な処理を行う際（第7章）にはこの記号があったほうが便利です。また、デフォルトでは、語境界と文境界は別の記号になっています。「。」などの句読点の後に文境界が来ていることに注目してください。

　前後文脈の語数も変えることができます。直前の動詞を調べるだけなら20

| 文脈中の区切り記号 ❶ | | ∨ | 文脈中の文区切り記号 ❶ | # | | ∨ | 前後文脈の語数 ❶ | 20 | ∨ |

| 検索対象（固定長・可変長）❶ | 両方 | ∨ | 共起条件の範囲 ❶ | 文境界をまたがない | ∨ |

図3−5−1|検索動作オプション

語でも十分ですが、前後の文脈や意味などを調べたい時はこれでは不足します。最大500語まで増やせますが、ここは増やせば増やすほど、処理が重くなり、ファイルサイズも大きくなります。

　検索対象（固定長・可変長）とは、BCCWJ のサンプルに関する項目です。実は、BCCWJ のサンプルには固定長サンプルと可変長サンプルの2種類が存在します（山崎（編）2014）。固定長サンプルとは、本の中から1文字をランダムに決め、そこから厳密に 1,000 文字ずつ採集したものです。文の途中など関係なしに 1,000 文字で切ります。一方、可変長サンプルは節・章などもう少しまとまりのあるサンプルです。ただし、上限は 10,000 文字程度となっています。厳密な頻度の計算には固定長が向きます。ただし、固定長のサンプルは「書籍」「雑誌」「新聞」「白書」にのみ存在します。様々な文体を見たい時は可変長が向きます。デフォルトではこの両方が検索されるようになっています。

　最後の共起条件の範囲は、例えば、「好き」の後方5語以内に「かもしれない」が接続するような例を検索する時に、「|「|好き|な|の|？|」# 「|かもしれない|。#」のようなものを含めるかという問題です。しかし、普通は別の文に共起した語のことを考えることはないと思います。この場合は、「**文境界をまたがない**」にしておけばこのような例はヒットしません。

章 末 問 題

　形容詞を1つ選んで下さい。その形容詞が「おいしい料理」のように連体修飾用法として使われているパターンと、「おいしく食べる」のように動詞の直前で連用修飾用法として使われているパターンをそれぞれ検索してみましょう。どちらが多いでしょうか。形容詞をキーにした場合、後方共起条件には何か品詞を指定してみましょう。

第4章

中納言の検索条件

　これまで、「語彙素」「書字形出現形」などの検索条件が出てきました。中納言には他にも様々な検索条件が存在します。この章では、それを1つ1つ紹介していきます。

1　書字形出現形

　一言で言えば、「文字の種類や活用形にこだわった検索方法」です。**書字形出現形**が おいしい という条件で検索を行うと、ひらがなを使った「この料理はおいしい」「おいしい料理」というパターンのみがヒットします。表記が異なる「この料理は美味しい」「おいしー料理」や活用形が異なる「あの店はおいしかった」「あんまりおいしくないね」などはヒットしません。

　このようにみると、文字列検索と同じようですが、違いもあります。それはあくまでも短単位検索や長単位検索は「語」を検索対象にしているということです。例えば、「素晴らしい」の一部である「素晴ら」の3文字を文字列検索や少納言、あるいは Google で検索した場合、この3文字を含む「素晴らしい」の用例がたくさんヒットします。しかし、中納言の短単位検索モードないし長単位検索モードで**書字形出現形**が 素晴ら という文字列を入力しても、「データが見つかりませんでした。」という反応が返ってきます。なぜなら、「素晴ら」は語の一部であって、語ではないからです。短単位検索モー

39

ドや長単位検索モードはあくまでも「語」を単位とする検索システムなので、語ではないものを検索することはできないのです。

なお、「素晴らし」ではいくつかの例がヒットします。これは形容詞「素晴らしい」の語幹に相当するので、「素晴らし｜さ」や「素晴らし｜そう」といった形容詞語幹に接尾辞が続くような例にヒットするからです。

2　語彙素

すでに説明した通り、語の表記や活用などを一括して検索する際に用います。注意すべきなのは、様々な漢字が用いられるため、予備知識なしではどのような表記になっているかわからない点です。これを解決するためには、**まずは文字列検索を使って語彙素の表記を確かめるという手法が有効です。**

また、同音異義語の問題を解決するために複数の表記が採用されていますが、限界もあります。例えば、「つく」という動詞については「つく」「着く」「付く」の３つの語彙素が存在します。「つく」は「日本語について考える」のような複合辞として用いられるものが当てはまります。「着く」は「到着」の意味を表すもので、その他の多様な「つく」は「付く」になります。

この区別はコアデータと呼ばれる人手で解析結果を修正した箇所ではかなり正確ですが、コアデータでない部分は機械による自動解析の結果を採用しているので、誤解析も生じます。例えば、「駅について、5分くらいして入ってきた電車がソレでした。」（OY14_43506, 2120）などは、到着を表しているので、本来は「着く」になるはずですが、ひらがな表記のためか、複合辞の「つく」になってしまっています。この問題の解決としては、次に紹介する「語彙素読み」を使って、同音異義語をまとめて検索するという方法があります。

また、語彙素は表記で区別されるとしましたが、複数の語彙素が同じ表記を持つこともあります。「そう」は、ソ系列の指示副詞、伝聞の助動詞、様態の助動詞の3語に使われています。このような場合は、品詞により区別が行われています。上記の3語はそれぞれ「副詞」「名詞－助動詞語幹」「形状詞－助動詞語幹」となります。機能語の検索の際には品詞も指定しておくのが無難でしょう。ここでも、本格的に例を集める前に、文字列検索を使って語

彙素や品詞を確かめることが重要です。

3 語彙素読み

　語彙素を読みで検索するための条件です。「つく」「付く」「着く」と3つの語彙素があることをすでに述べましたが、**語彙素読み**が ツク とすることで、これらをまとめて検索することができるようになります。こうすることで、誤解析を起こしているかもしれない例も含めてすべての例を集めることができますが、ゴミも増えてしまいます。

　また、「語彙素読み」が「キク」という条件で検索すると、「利く」と「聞く」の両方を検索することができますが、名詞の「菊」もヒットしてしまいます。このような時は、同時に品詞の条件も加えるのがよいでしょう。

　重要なのは、**語彙素読みは必ずカタカナで入力しなければならない**ということです。中納言では音に関する情報はすべてカタカナで入力します。

4 語形

　語彙素と書字形の中間にあたるレベルです。

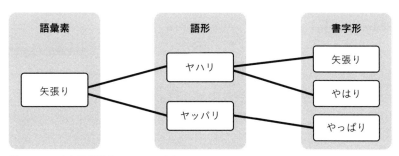

図4-4-1｜山崎（編）（2014：101）より

　例えば、「やはり」を例にとって説明すると「ヤハリ」と「ヤッパリ」という音声的なバリエーションが存在します。この両方とも、「矢張り」という語彙素にまとめられていますが、語形のレベルでは促音があるかないかという

音声的なバリエーションによって分かれています。そして、それぞれの語形ごとに、文字の種類が存在し、書字形という形でさらに細分化されるのです。なお、「矢張り」の語形にはこの他に「ヤッパ」「ヤッパシ」なども存在します。

　語形が重要になってくるのは古典文法の単語を検索するときでしょう。例えば、形容詞「美しい」は古典文法では終止形が「美し」、連体形が「美しき」と現代語文法とは異なった形をとります。しかし、実は語彙素のレベルでは「美し」も「美しき」も「美しい」にまとめられてしまっています。(つまり、『日本語歴史コーパス』を検索する時も、語彙素は現代語で入力するということです。)次の語形のレベルで、「ウツクシイ」と「ウツクシ」が分けられ、「ウツクシイ」には現代語文法の「美しい」や「美しかっ」が、「ウツクシ」には古典文法の「美し」や「美しき」がまとめられています。なお、現代語のコーパスであるBCCWJにも、古典文法の形はかなり出現します。どのような時に古典文法の形が使われているか、**語形**が ウツクシ で検索を行い、確かめてみてください。

　また、いわゆる可能動詞や「ら抜き言葉」も語形のレベルで元の動詞と区別されます。

　例えば、「読める」は語彙素「読む」に含まれ、「語形」がヨメルになっています。語形が「ヨメル」で検索を行うと、「読めた」「読めない」など、可能の意味を持つすべての活用形が検索されるのに対して、「読んだ」「読まない」など、可能の意味を含まない形は排除されます。同様に、「食べれる」のような「ら抜き言葉」も語彙素「食べる」の中で「語形」が「タベレル」になっています。

　言語学的には、可能動詞と「ら抜き言葉」はそれぞれ yom, tabe という語幹に -eru という形態素が接続した形（後者はさらに子音 r が挿入された形）と説明されます。しかし、ローマ字で検索することは現実的ではないので、それぞれ「読む」「食べる」のバリエーションとして扱われています。

　一方で、「読まれる」「食べられる」という形はそれぞれ**動詞**「**読む**」＋**助動詞**「**れる**」、**動詞**「**食べる**」＋**助動詞**「**られる**」のように分析されます。

　語形を検索する時も、必ずカタカナで入力します。注意してください。

5 品詞

　品詞はプルダウンメニューから1つ選択して検索を行います。大分類、中分類、小分類と3つの段階が用意されており、大分類で「名詞」を選べば、「名詞」で始まるすべての品詞を検索でき、小分類ならば、「名詞－固有名詞－地名」のようにかなり細かい設定ができます。

　中納言で使用する品詞は、UniDicの品詞体系に沿っており、見慣れないものも多くあります。一例を挙げると、「形状詞」と呼ばれるもので、これは「静か」「豊か」のように学校文法で形容動詞と呼ばれるものの語幹に相当します。学校文法では「静かだ」までを一語とみなしますが、中納言では形状詞の「静か」と助動詞の「だ」の二語と見なします。

　以下、表4-5-1に中納言で使用されている品詞をまとめておきます。よくわからない品詞があった場合、検索範囲を〈Yahoo! ブログ〉のコアなどデータ量が少ないものに設定した上で、キーを該当の品詞にして検索するとどのような語が含まれているか自分で確かめることができます。

表4－5－1｜中納言で使用されている品詞

品詞	説明
名詞－普通名詞－一般	一般的な名詞：川、人間、ソース
名詞－普通名詞－サ変可能	サ変動詞の語幹。サ変動詞としても使うことがあるという意味で、実際に名詞として使われているか動詞として使われているかはわからない：勉強、感動
名詞－普通名詞－サ変形状詞可能	「～する」とも「～な」とも使うことができる名詞：心配、邪魔
名詞－普通名詞－形状詞可能	形状詞としても名詞としても使える語：自由、安全
名詞－普通名詞－助数詞可能	助数詞としても名詞としても使える語：皿、円
名詞－普通名詞－副詞可能	副詞的な位置に出現することがある名詞。時間にかかわる名詞が多い：昨日、今度
名詞－固有名詞－一般	人名や地名ではない固有名詞。企業名・団体など：ヤクルト、NHK
名詞－固有名詞－人名－一般	人名の中でも、外国人の名前やあだ名など：山P、クリスティン

名詞－固有名詞－人名－姓	日本人の姓：山田、川崎
名詞－固有名詞－人名－名	日本人の名：太郎、のりあき
名詞－固有名詞－地名－一般	地名：松江、シャンゼリゼ
名詞－固有名詞－地名－国	国名：日本、タイ
名詞－数詞	数そのものを表す語。語彙素は漢字表記：一、五百
名詞－助動詞語幹	伝聞を表す「そう」専用。
代名詞	疑問詞を含む：あれ、こっち、いつ、何
形状詞－一般	形容動詞／ナ形容詞の語幹部分：好き、大丈夫
形状詞－タリ	古典文法においてタリ活用であった形容動詞の語幹部分。基本的に漢語：確固、満々
形状詞－助動詞語幹	助動詞のうち、「みたい」「よう」「そう」（様態）
連体詞	名詞の修飾にのみ使われる語：あの、同じ
副詞	述語を修飾する語：いよいよ、全然
接続詞	文や節どうしをつなぐ語：そして、さて
感動詞－一般	独立して使われる短い語：うん、ありがとう
感動詞－フィラー	発話の間をつなぐのに使われる語。誤解析も多い：えー、あのー
動詞－一般	サ変以外の多くの動詞：考える、作る
動詞－非自立可能	「ている」「たりする」のように補助的な意味で使われることがある動詞。実際の文中での意味は不問：あげる、始める
形容詞－一般	ほとんどの形容詞：大きい、楽しい
形容詞－非自立可能	補助的に使われうる3語の形容詞、「ない」「よい」「ほしい」
助動詞	活用する付属語。長単位では述語に接続する「ている」などの複合辞も含む：だ、てる
助詞－格助詞	学校文法における格助詞。長単位では名詞に接続する「について」などの複合辞も含む：が、へ
助詞－副助詞	学校文法における副助詞：だけ、しか
助詞－係助詞	古典文法における係助詞：は、も
助詞－接続助詞	学校文法における接続助詞：て、けれど
助詞－終助詞	文末に使われる助詞：ね、か

助詞－準体助詞	準体句を作る「の」。「のだ」「ので」「のに」を含む
接頭辞	語の前に接続する接辞：お、第
接尾辞－名詞的－一般	接尾辞で、語全体の品詞を名詞にするもの：さ、様
接尾辞－名詞的－サ変可能	名詞的接尾辞で、「する」を伴えるもの：化、視
接尾辞－名詞的－副詞可能	名詞的接尾辞で、副詞的位置に出現するもの：末、中
接尾辞－名詞的－助数詞	単独では使われない純粋な助数詞：つ、枚
接尾辞－形状詞的	接尾辞で、語全体の品詞を形状詞にするもの：的、だらけ
接尾辞－動詞的	接尾辞で、語全体の品詞を動詞にするもの：がる、ぶる
接尾辞－形容詞的	接尾辞で、語全体の品詞を形容詞にするもの：ぽい、やすい
記号－一般	(爆)の爆など、省略・記号的に使われている文字。誤解析が多い
記号－文字	アルファベット1文字。「Tシャツ」のTなど：w、z
補助記号－一般	句読点以外の記号類：★、→
補助記号－句点	文の終わりを示すもの：「。」、「？」
補助記号－読点	読点の類：「、」、「，」
補助記号－括弧開	様々な種類の括弧の左側：(、「
補助記号－括弧閉	様々な種類の括弧の右側：』、"
補助記号－ AA －一般	いわゆる顔文字の、表情以外のパーツ。ヽ(´∀｀*)ノの「ヽ」「ノ」の部分
補助記号－ AA －顔文字	いわゆる顔文字の、表情の部分。ヽ(´∀｀*)ノの「(´∀｀*)」の部分：(≧▽≦)、(＾＾;
空白	空白

6　活用型

　活用型は「五段活用動詞」「下一段活用動詞」のような活用の種類のことで、これを利用した検索もできます。後に紹介する連体形、連用形といった「活用形」と紛らわしいので注意してください。プルダウンメニューから1つ選択して検索を行います。大分類、中分類、小分類と3つの段階が用意されて

おり、大分類では五段活用というレベルですが、小分類では「カ行五段活用動詞」「サ行五段活用動詞」のようにさらに細かく指定できます。また、文語にも対応しています。助動詞など不規則な活用をするもの（「だ」など）は助動詞型となっています。

7　活用形

　活用形の用語は学校文法に従い、「未然形」「連用形」のようなものです。小分類まで指定すると、「連用形－イ音便」のように音便の種類まで指定することができます。ここで注意すべきなのは「**意志推量形**」という形です。これは「行こう」「見よう」といった形です。学校文法では、五段動詞の未然形には「行か（ない）」と「行こ（う）」の2種類があります。こうなったのはもともとそれぞれ「行かず」「行かむ」という形で「行か」という形を未然形と認定していたのですが、その後、「行かむ」が「行こう」という形に変化し、2種類の形が未然形に同居することになりました。しかしながら、機械が分析を行う時に、この方式では不都合があります。そこで、未然形のうち、意志や推量を表す「〜う」という形を意志推量形として別に活用形を立てたのです。また、「行こう」「見よう」のように、「う」「よう」までを含んだ形を動詞の意志推量形にしていることにも注意してください。つまり、**UniDic では助動詞の「う」「よう」は認めません。**「だろう」「でしょう」も2つの助動詞に分割することはせず、それぞれ助動詞「だ」「です」の意志推量形です。1つの語です。

8　書字形

　書字形は文字の種類を指定し、活用などの形の変化については一括して検索するための条件です。例えば、書字形が「素晴らしい」で検索すると、漢字2文字を使った「素晴らしい」「素晴らしく」「素晴らしさ」などはヒットしますが、「すばらしい」「すばらしく」「スバラシイ」「素ばらしい」などはヒットしません。

9 発音形出現形

　発音形出現形は、書字形とは対照的に文字の種類を無視し、発音した時の具体的な形を指定して検索するための条件です。例えば、発音形出現形が「スゲー」で検索すると、「すげえ」「すげぇ」「スゲー」「凄え」など「スゲエ」と聞こえる形はすべてヒットし、「すごい」「凄く」「すごく」「凄っ」などはヒットしません。

　書字形は文字の種類を指定し、発音形出現形は実際に使われた形を指定するという点で対照的な関係にあります。そして、この両方を指定したものが、書字形出現形であり、両方とも指定しないのが、語彙素や語形になります。それぞれの条件の関係を表にまとめると、以下の表4-9-1のようになります。

表4-9-1｜各出現条件の関係

コーパス中の語列	語彙素が 素晴らしい	語形が スバラシ	語形が スバラシイ	書字形が 素晴らしい	発音形 出現形が スバラシイ	書字形 出現形が 素晴らしい
素晴らしい人	○	×	○	○	○	○
これは素晴らしい	○	×	○	○	○	○
スバラシイ！	○	×	○	×	○	×
素晴らしく上手	○	×	○	○	×	×
すばらしかった。	○	×	○	×	×	×
素晴らしき日々	○	○	×	○	×	×
いとすばらし。	○	○	×	×	×	×

10 語種

　語種とは、和語、漢語、外来語の区別のことです。これらを組み合わせた混種語もあります。混種語には「役割」（音＋訓）のような重箱読み、「場所」

（訓＋音）のような湯桶読みの単語も含まれるので、かなり多くの語が存在します。

　語種のみを単独の条件で検索することはあまりないでしょうが、例えば、キーの語種を「外来語」にして、後方共起のキーから1語の語彙素を「為る」に設定すれば、「カットする」「ゲットする」のような外来語のサ変動詞を集めることができます。また、句読点などの語種はすべて「記号」となっています。これを利用して句読点の直前の形だけを集めることもできます。

章 末 問 題

1　「食べれる」―「食べられる」のようなら抜き言葉とそうでない可能表現のペアを考え、それぞれを検索して出現数を比較してください。それぞれ、どのレジスターに多いでしょうか。
2　表4-5-1の品詞のリストで気になったものを検索して、実例を確かめてみましょう。全体を検索すると量が膨大になるので、次の章で紹介するレジスターを指定する方法で、＜Yahoo! ブログ＞などに範囲を絞って検索してみてください。
3　表4-9-1の検索条件を実際に検索して確かめてみましょう。

第5章

応用的な検索

1　BCCWJのレジスター

　BCCWJは様々な種類の文書が集められた均衡コーパスです。BCCWJはまず大きく「出版」「図書館」「特定目的」の3つのサブコーパスに分かれ、さらにその下にレジスターと呼ばれる文書の種類のグループが存在します。表5-1-1の1行目がサブコーパス名に相当し、< >で囲んだ3行目がレジスター名に相当します。なお、レジスターについてより詳しく知りたい方は丸山ほか（2011）https://doi.org/10.15084/00002852 を参考にしてください。

表5－1－1｜BCCWの構成（山崎2009：29）

出版（生産実態）サブコーパス 約3,500万語 <書籍><雑誌><新聞> 2001年〜2005年	図書館（流通実態）サブコーパス 約3,000万語 <書籍> 1986年〜2005年
特定目的コーパス 約3,500万語 <白書><教科書><広報紙><ベストセラー>< Yahoo! 知恵袋>< Yahoo! ブログ> <韻文><法律><国会会議録> 出版年は様々	

• 出版コーパス

　ある年に出版された書籍を想定母集団として作られたコーパスです。＜書籍＞＜雑誌＞＜出版＞からなります。書き手の側から見た日本語という側面を持ち、どんな書物であっても等しい確率で選ばれるように設計されています。そのため、あまり流通していないようなものも選ばれています。特に＜書籍＞については、実は日本で出版される書物の2割は専門書であり、その結果、このレジスターには極端に専門的な語が混じっていることが指摘されています（山崎2009）。実際、＜出版・書籍＞と＜図書館・書籍＞を比較すると、＜出版・書籍＞のほうが固い語が多くなるようなことはよく見られます。また、全ての書籍を区別なく母集団としているため、成人向けの本など、教育上ふさわしくない内容も含まれていることに注意してください。また、2001年から2005年と比較的短い期間に出版された本しかないことに注意が必要です。

• 図書館コーパス

　東京都の図書館に収蔵されている書籍を想定母集団として作られたコーパスです。レジスターは＜書籍＞のみです。書き手と読み手の間で広く流通している書籍に限定されているため、社会的な需要を反映しています。そのため、より一般的な言葉遣いが含まれていると期待されます。また、出版期間は1986年から2005年の20年間です。

• 特定目的コーパス

　上の2つのコーパスでは十分に集めることができない、特殊な文書を集めたコーパスです。＜白書＞は行政機関が毎年発行している報告書で非常に硬い文体で書かれています。＜教科書＞は小学校から高等学校まで、全教科のものが収められています。＜広報紙＞は市区町村が住民にむけて発行している市政だより、お知らせの類です。＜ベストセラー＞は1976年から2005年までに売上ベスト20に入ったすべての書籍について、2か所ずつサンプリングされています。＜Yahoo! 知恵袋＞は誰でも利用できる質問サイトであり、質問と、回答者が「もっともよい」と選んだ「ベストアンサー」のペアが収録されています。＜Yahoo! ブログ＞は2008年4月からの1年間に書か

れた記事からサンプリングされています。＜韻文＞は俳句・短歌・詩のことで、1976年以前の少し古い作品も含まれていることが特徴です。＜国会会議録＞は国会会議録検索システムを使って1976年から2005年までの議事録からサンプリングしています。＜法律＞も1976年から2005年までに公布されたものの中から原文が採られています。

　これらのレジスターを指定して検索することができます。「検索対象を選択」をクリックすると、図5-1-1のような画面が出てきます。

検索対象とするレジスターにチェックを入れてください。

レジスター	コア	非コア
出版・新聞	☐	☐
出版・雑誌	☐	☐
出版・書籍	☐	☐
図書館・書籍	☐	☐
特定目的・白書	☐	☐
特定目的・ベストセラー	☐	☐
特定目的・知恵袋	☐	☐
特定目的・ブログ	☐	☐
特定目的・法律	☐	☐
特定目的・国会会議録	☐	☐
特定目的・広報誌	☐	☐
特定目的・教科書	☐	☐
特定目的・韻文	☐	☐

図5-1-1｜レジスターの選択画面

　レジスターごとの違いを見たい時は、むしろレジスターを指定せずに検索し、後でExcel上でレジスター毎に集計をしたほうがよいです。なお、レジスター毎の頻度の違いをそのまま比較すると、母数の違いを考慮しない結果になるため、危険です。レジスターの比較については、詳しくは第8章で扱います。レジスターを絞るのは、むしろ検索結果が多すぎるときや、調査目的に応じて、特定のレジスターを調べたい時、あるいは特定のレジスターを排除したいときになるでしょう。

　また、図5-1-1に「コア」という項目があります。BCCWJの形態素解析、つまり語をどのように区切り、どんな品詞を当てはめるかは基本的に機械によって行われていますが、ごく一部、人間が目で見て修正した個所がありま

す。この部分がコアで、非常に信頼性の高いデータが得られると言ってよいでしょう。ただし、コアは BCCWJ 全体の 1% にしか相当せず、十分な用例数は得られないことが多いです。

　レジスターを選ぶと、例えば<書籍>の場合は、日本十進分類（NDC）に基づくジャンルや出版年など、さらに細かく条件を設定できます。ただし、例えば<出版・書籍>を選ぶと出版年を 1970 年〜2009 年の間まで選べるようになりますが、上にも書いた通り、<出版・書籍>は 2001 年〜2005 年のものしか収められていません。それ以外の年を指定すると、何を検索しても 0 件ですが、これを知らないととんでもない勘違いをすることになります。

2　文頭・文末からの位置

　キー、前方共起、後方共起については文頭から x 語あるいは x 語以内という指定を行うことできます。これを使えば、接続助詞の「し」が「聞いてないし！」のように文末で使われる例を調べることができます。しかし、ここで注意しなければならないのは句読点の存在です。上の例文を短単位で区切ると、「聞い｜て｜ない｜し｜！#」となります。｜は単位の区切りで、# は文の区切りを表します。つまり、キーの位置を「文末から 1 語」に設定し、語彙素が「し」で検索しても、上記の例文はヒットしません。このような場合には**「文末から 2 語以内」**にすれば、OK です。2 語「以内」なのは、ブログなどで時々句読点なしに文が終わるような例もあるからです（ただし、文末の認定はいつも正確なわけではありません）。また、「聞いてないしね」のように、「し」の後に終助詞が接続するようなパターンも考慮にいれるなら、キーの位置を 3 語以内にすれば OK です。

図5−2−1｜キーの位置を文末から3語以内にする。

前方共起語、後方共起語についても、デフォルトではキーからの語数が指定されていますが、これを文頭や文末からの語数に変更することが可能です。日本語では特に文末の形が重要な意味を持つため、これらの機能は重要です。図5-2-2はこの機能を使って、副詞「どんどん」の後、文末が「ていく」の活用形で終わるパターンを検索したものです。**長単位検索モード**を使い、以下のような条件にします。

　　　キー：語彙素が ［どんどん］
　　　後方共起1：文末から4語以内　語彙素が ［ていく］

文末から4語以内というのは「ていき|まし|た|。#」のように助動詞が2つぐらいまで接続する例をカバーするためです。この条件を使えば副詞「どんどん」を含み、文末に「ていく」（活用形の「ていった」なども含む）を含む例を調べることができます。Excelで後から形を元に抽出することも可能ですが、語彙素のように様々な形をまとめて取り出したい時は、後方共起語の文末からの位置を指定したほうが便利なこともあります。

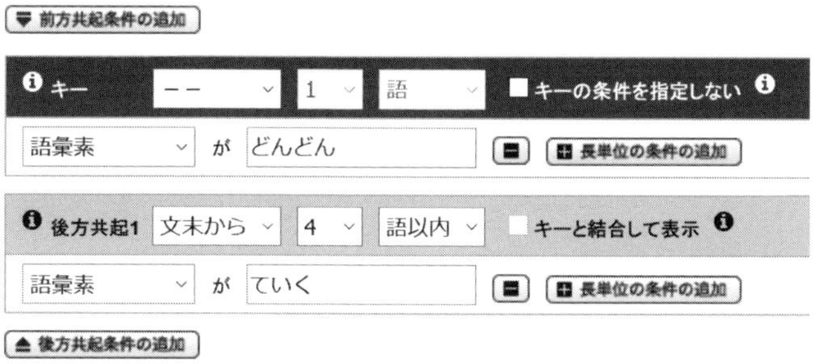

図5-2-2｜「どんどん～ていく」の検索

　また、後方共起語はキーからx語を指定し、さらに文末からx語も指定することも可能です。「これから～ていく」というパターンを調べたい時は、「これから」は長単位でも1語ではありませんから、以下のようになります。

　　　キー：語彙素が ［此れ］

後方共起1：キーから1語　語彙素が から　AND　品詞の　小分類が　「助
詞－格助詞」
後方共起2：文末から4語以内　語彙素が ていく

図5－2－3 | 「これから〜ていく」の検索

3　コロケーションの検索

　コロケーションという言葉を聞いたことがあるでしょうか？連語と訳され
ることもあります。コロケーションとは、よく一緒に使う言葉の組み合わせ
です。「ぐっすり－眠る」、「本を－読む」、「濃い－コーヒー」などはいずれも
コロケーションの例です。

　また、「本を〜」の後に続くいろいろな動詞を考えるような場合に、固定さ
れた語である「本」を中心語、一緒に使う（これを共起する、といいます）様々な
語を共起語といいます。

　コロケーションは言語の学習において非常に重要な役割を果たすと考えら
れています（Lewiss 2000）。例えば、「条約」という語を考えてみましょう。「条
約」という語の意味は辞書を使えば簡単に理解することができます。しかし、
「条約」という語を文の中で使うということを考えた場合、この語単独では済
まないということに気がつきます。文を作るときには必然的に述語が必要に

なります。例えば「条約を結ぶ」、あるいはもう少し固い文体では「条約を締結する」でしょうか。この時、なぜ「合わせる」「つなぐ」ではなく「結ぶ」でないといけないのか、あるいはなぜ、「締結する」などという「条約」専用のような語が存在するのかということに理屈をつけて説明することはできません。これが言語学習におけるコロケーションの問題です。

　コロケーションは語と語の組み合わせであるためその数も膨大になり、ほとんど研究が進んできませんでした。しかし、コーパスの発達により研究が進むことが期待されています。

　ここで1つ、私自身がコーパスを活用して日本語教育の現場のために行った研究を紹介します。中俣（2014）『日本語教育のための文法コロケーションハンドブック』はコロケーションを文法項目とそれに前接する実質語という関係にまで拡張し、（中俣2014では文法コロケーションと呼んでいますがStefanowitsch and Gries（2003）はcollostructionと名前をつけています。）ある文法項目の前にはどんな動詞、形容詞、名詞が多いのかを一覧に示し、例文作りの一助としています。表5-3-1は「てある」の前に多い動詞を示したものです。「書いてある」の例が非常に多いことがわかります。また、上から6位の動詞までで全体の用例の50%以上をカバーできてしまいます。コロケーションの使われ方には大きな偏りがあることがわかる例です。

表5－3－1｜「てある」の前に多い動詞（中俣2014: 97を改変）[iii]

順位	動詞	出現数	%
1	書く	4,613	30.6%
2	置く	1,540	10.2%

[iii]——この時の検索条件は、長単位検索モードを使い、キーを動詞にして、キーから1語後の語彙素が「てある」であるものと、キーを動詞にして、キーから1語後の品詞が助動詞かつキーから2語後の語彙素が「てある」であるものの2つの条件を合わせています。また、2011年当時とは中納言やBCCWJのバージョンも変わっているため、今検索しても同じ数値にはならないことがあります。

3	する	736	4.9%
4	はる	411	2.7%
5	飾る	223	1.5%
6	かける	189	1.3%
7	入れる	182	1.2%
8	とる	157	1.0%
9	記す	152	1.0%
10	止める	151	1.0%

　さて、中俣（2014）は BCCWJ 完成直後から制作にとりかかり、中納言をフル活用して作り上げました。では、表5-3-1のような情報を得るにはどのような条件で検索すればよいでしょうか。

　長単位検索でキーの語彙素が てある という条件で検索したくなりますが、これは悪手です。なぜなら検索結果は図5-3-1のようになるからです。キーが「てある」になっていると、その「てある」についての情報が得られるのですが、知りたいのはそのひとつ前の語ですよね。

前文脈	キー	後文脈	語彙素読み	語彙素	語彙素細分類	品詞	活用型	活用形
だけ|だ|よ|」|と|冷たく|言い|放つ|と|、|急に|泣き声|に|なっ|た|。|#|そして|真ん中|に|置い|	てある	|ビール瓶|を|取っ|て|ラッパ|飲み|し|始め|た|。|#|僕|が|「|シッ|ト|」|と|つぶやく|と|、|#|「|ほら	テアル	てある		助動詞	五段-ラ行	連体形-一般
」|#|「|どう|やっ|て|、|そんな|物|を|出現さ|せ|た|の|か|ね|。|#|室内|に|隠し|	てあっ	|た|の|か|ね|」|#|シュペア老人|は|不思議|そう|に|尋ねる|。|#|「|に|これ|は|、|つい|今し|方	テアル	てある		助動詞	五段-ラ行	連用形-促音便
清風荘|へ|そっと|様子|を|見|に|いっ|た|んです|。|#|すると|、|そこ|に|藤本さん|の|写真|が|飾っ|	てあり	|ます|。|#|それ|のみ|なら|ず|、|額|の|なか|に|は|さん|で|ある|赤ん坊|の|写真|ー|それ|を|見	テアル	てある		助動詞	五段-ラ行	連用形-一般
。|#|自画像|を|描い|た|スケッチブック|を|見せ|て|くれ|た|とき|、|絵|の|合間|に|いろいろ|と|書い|	てある	|言葉|に|私|は|引き付けられ|た|。|#|夜|は|ぐっすり|、|朝|は|ニコニコ|」|「|しあわせ	テアル	てある		助動詞	五段-ラ行	連体形-一般

図5-3-1｜キーを「てある」にして検索した結果

　そこで、例えば、以下のような条件で検索を行うと、図5-3-2のような

検索結果を得ることができます。

キー：品詞の大分類が動詞
後方共起１：キーから１語　語彙素が てある

前文脈 ◆	キー ◆	後文脈 ◆	語彙素読み ◆	語彙素 ◆	語彙素細分類	品詞	活用型	活用形
と、|サラ|は|一番|上|の|引き出し|に|エナメル|の|瓶|を|用意|してい|た。|#|「|ここ|に|	しまっ	|(てある)|の|」|サラ|が|言っ|た。|#|「|予備|の|ス|トッキング|も|置い|とく|べ|き|ね|。|#|ひどい|伝線	シマウ	仕舞う		動詞-一般	五段-ワア行	連用形-促音便
ね|！|#　|#　|ママさま|！|#　|こんな|に|たくさん|の|台湾|の|お土産|を|ありがと|う|〜は|#　|なんだか|	表記し	|(てある)|字|とか|漢字|が|多かっ|たり|して|、||ちょっと|新鮮|！|#　|美味|しく|いただき|ま|〜|す	ヒョウキスル	表記する		動詞-一般	サ行変格	連用形-一般
、|やがて|別れ|て|いっ|た|人たち|から|の|年賀|で|ある|。|#　|達筆|で|「|謹賀新年|」|と|キチン|と|	書い	|(てある)|の|は|、|昔|、|映画|の|演出|を|し|てい|た|人|から|の|もの|—|律義|で	カク	書く		動詞-一般	五段-カ行	連用形-イ音便
の|戸口|へ|歩い|た|。|#　|中|を|のぞい|て|み|た|が|、|薄暗い|。|#|中央|に|炉|が|	きっ	|(てある)|。|#　|「|何|が|妙|だ|と|言う|んだ|」|#　|「|正面|です|。|#|あれ|は|」	キル	切る		動詞-一般	五段-ラ行	連用形-促音便

図５−３−２｜後方共起条件1を「てある」にして検索した結果

　重要なのは、コロケーションを調べるときは、**中心語ではなく、共起語を キーにする**ということです。そして、コロケーションを調べる時に役に立つ のが「**キーの条件を指定しない**」というチェックボックスです。これをオン にすると、「x てある」の x のように、キーの部分はなんでも OK ということ にして、前方または後方共起条件のところに中心語を設定して調べることが できます。先ほどの条件では「てある」の前のキーを動詞に指定しましたが、 実際には助動詞なども存在します。「てある」の前の全ての語を調べたいとき は、キーを未指定にし、後方共起のキーから一語後の語彙素を「てある」に することですべての例を検索することができます。図 5-3-3 のようにすれ ば、「てある」の前接語を検索することができます。「キーの条件を指定しな い」にチェックを入れた場合、キーのところに入力したすべての内容は無視 されます。

　ただし、この条件で検索したとしても中納言に表示されるのは図 5-3-2 の ような結果の画面です。ここから表 5-3-1 のように、どの動詞が一番多い

図5−3−3｜「キーの条件を指定しない」にチェックを入れた状態

かという頻度表を作るには、結果をダウンロードし、さらに Excel を使って集計する作業が必要となります。中納言を使った研究を進めるには Excel などのソフトウェアを活用することが欠かせません。

　第2部では検索した結果をいかに集計し、情報を読み解くかというテクニックについて学びます。

4　コラム：助動詞の数は?

　『文法コロケーションハンドブック』を執筆した際は、文法項目の1語前の実質語と、助動詞1つを挟んだ2語前の実質語を集計しました。つまり、原因・理由の「から」を例にとると、「食べるから」「食べたから」はどちらも「食べる」の個数にカウントするが、「食べましたから」はカウントしない、というやり方です。この方法は果たして妥当なのでしょうか。執筆時には何となくそう思っていましたが、その後、別の論文を書くときに、調べてみました。

　中俣（2017）は「南モデル」と呼ばれる接続助詞の分類法についての論文ですが、各接続助詞の前に接続する助動詞の個数を調べると図5-4-1のようになりました。

　縦軸はその助動詞数までで、全体の何パーセントを占めるかということを

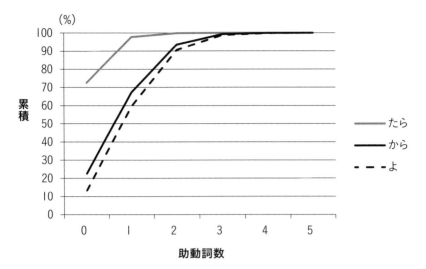

図5－4－1 助詞の前に接続する助動詞の個数

表しています。接続助詞「たら」を例にとると、助動詞が接続せず、直接動詞が接続するものが73%、助動詞1つまでを含めると、98%をカバーすることになります。一方で、接続助詞「から」の場合は直接する接続する例は全体の23%に過ぎず、助動詞2つまでを含めて初めて90%を超えます。また、接続助詞「から」と終助詞「よ」が非常に似た分布を示す点も興味深いです。文法研究者はよく「書かれていなかったようです」のように助動詞がたくさんついた例文を作りますがそうした例はコーパスにおける実例では極めて稀であることもわかります。

　他の接続助詞や文末表現を調べてもほぼ同様の結果でした。その結果をまとめると以下のようになります。

　　・ある形式の前の動詞を調べる場合には、助動詞を2つ含むパターンで該当形式に接続する文の90%、3つ含むパターンで99%をカバーできる。
　　・ある形式の前イ形容詞文・ナ形容詞文・名詞文においては、接続に必要なコピュラ（＝「だ」「です」など）以外に助動詞を1つ含むパターンで該当形式に接続する文の90%、2つ含むパターンで99%をカバーでき

る。

・ただし、「た」の後に接続できない形式の場合には上の数字から1マイナスしてよい。

「てある」は「た」の後に接続できない形式ですから、助動詞1つまでで90%以上をカバーしており、ほぼ全例を調べたと言えるでしょう。一方で、「から」の場合は助動詞1つまででは67%をカバーするに過ぎません。『文法コロケーションハンドブック』では1/3ほどのデータが見落とされていることになります。コーパス研究の目的は決して全例を調査することではなく、大まかな傾向を知ることです。しかし、その検索条件が実際の用例のどれだけの範囲をカバーしているかを意識しておくことが重要です。

5　ワイルドカード（上級者むけ）

検索条件のうち、「書字形出現形」や「語彙素」など、自分で入力するタイプの条件では、ワイルドカードと呼ばれる記号を使って、複数の語をまとめて検索することができます。ワイルドカードというのはゲームの UNO を思い浮かべるとわかりやすいのですが、どんなカードの代わりもなれるカードのことです。コンピュータの世界では「どんな文字の代わりにもなる記号」という意味で使います。

まず、表5-5-1に「中納言」で利用できるワイルドカードの種類を示します。このワイルドカードは、正規表現とは異なるので気をつけてください。**なお、記号は常に半角で入力します。**

「%」は何でもいいし、長さも何でもいいという記号です。例えば長単位検索モードで語彙素が「% 出す」で検索すると、「乗り出す」「押し出す」「思い出す」のような「出す」で終わる複合動詞をまとめて検索することができます。ただし「長さは何でもいい」は0文字の場合も含むので、「出す」も検索されます。複合動詞を検索したいので「出す」は必要ないという時は、結果をダウンロードしてから、「出す」の例をフィルタで抽出し（第7章）、削除するのが良いでしょう。

表5−5−1│ワイルドカードの説明

ワイルドカード	説明	入力例	ヒット例
%	0個以上の文字で構成される任意の文字列	日本 %	日本語、日本海、日本海側、日本 など
_（アンダーバー）	任意の1文字	日 _ 友好	日米友好、日中友好、日韓友好 など
［　］	［　］の中にある任意の1文字	日本［人語］	日本人、日本語（2語のみ）
［＾　］	［＾］の中にない任意の1文字	日本［＾人語］	日本一、日本園、日本製、日本酒 など

「_」はアンダーバーで、任意の1文字です。例えば品詞を形容詞にしたうえで、語彙素読み「ア _ イ」で検索すると、「赤い」「青い」「熱い」など「あ○い」に当てはまる形容詞がヒットします。また、アンダーバーを2個にして「ア__イ」で検索すると「明るい」「あざとい」などがヒットします。モーラ数を考慮して検索したい時に役立つと言えるでしょう。

　［　］はその中に文字を並べ、その中のどれか1文字という条件です。［＾　］はその否定で、その中にない文字のどれか1文字という条件です。両方とも「1文字」であることに注意が必要です。日本［＾人語］でヒットするのは「日本」で始まる「日本人」「日本語」以外の3文字の単語のみです。もし、4文字以上の単語も検索したい時は、「日本［＾人語］%」とする必要があります。

　ワイルドカード検索は、特に単語が長く、さまざまな複合語が出現する長単位検索において検索結果を絞り込むときに役立ちます。

．．

章 末 問 題

1　「てみる」の前に来る全ての語を検索するにはどうすればよいか、考えてみましょう。

2　まず、「きっと」を検索し、数を記録しましょう。続いて、「きっと」を含む文のうち、文末が「だろう」で終わるものが何件ぐらいあるか調べてみましょう。「きっと」「だ

ろう」の検索方法がわからない時は、文字列検索を使って確かめましょう。

3　好きな動詞を何か1つ選びましょう。(「する」のような件数の多すぎるものは避けましょう。)

まず、動詞だけで検索し、次に助動詞が1つ接続する場合、助動詞が2つ接続する場合いうように助動詞の数を増やしていきましょう。いったいいくつまで助動詞は接続するでしょうか。また、それが終わったら全ての検索結果を合計し、助動詞が0の場合は何パーセント、1つまでの場合は何パーセントというように計算し、折れ線グラフを作ってみましょう。グループワークで色々な動詞を調べ、1枚の折れ線グラフにしてみましょう。

第 2 部

データを処理してみよう

第6章

頻度表を作る

1　ピボットテーブルを作成する

　この章では Excel のピボットテーブル機能を使って、中納言のダウンロードデータから頻度表を作る作業を学びます。ピボットテーブルは非常に便利な Excel の機能で、あらゆるデータの集計に役立ってくれます。この章ではピボットテーブルの作成から解説します。

• 準備

　補助動詞「〜てもらう」の前接語がわかるようなデータを作ります。「てもらう」は長単位では1単位として扱われるので、**長単位検索モード**を選んでください。検索条件は以下の通りです。

　　キー：条件を指定しない
　　後方共起1：キーから1語　語彙素が │ てもらう │

　kwic-3704535.csv のような名前のファイルがダウンロードされます。これを研究用のフォルダーに移し、「てもらう.csv」のように名称を変更して下さい。
　（.csv の部分は拡張子と言って、ファイルの種類を表す部分です。今後、この部分が必ず必要になります。もし、ファイル名の最後に拡張子が表示されていない場合は、適当なフォルダを開き、

表示タブをクリック後、右のほうにある「ファイル名拡張子」にチェックを入れてください。)

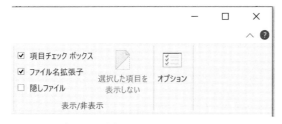

図6−1−1 | ファイル名拡張子にチェックを入れる。

• エクセルファイルの見方

準備ができたら、「てもらう .csv」のファイルをダブルクリックして開きましょう。非常に多くのデータが詰め込まれているので圧倒されるかもしれません。

まず、このままでは少しデータが見づらいので、見やすくする小技を伝授します。まず、前文脈の列（デフォルトではD列）の幅を少し広げ、D列全体を右寄せにします。それから、後文脈の列（デフォルトではF列）の幅も少し広げます。そうすると、キーの前後が続けて読めるようになり、分析がしやすくなります。

前文脈の幅を広げ、文字を右寄せにする　　後文脈も列の幅を広げる

D	E	F	G
前文脈	キー	後文脈	語彙素読み 語
れど｜も｜、｜その｜ロージー｜の｜秘密｜を｜	教え	｜(てもらい)｜たい｜なら｜、｜部屋｜に｜	オシエル　教
その｜主人｜から｜彼｜の｜奴隷｜の｜身分｜を｜	解い	｜(てもらい)｜、｜自由｜に｜なった｜	オトク　解
、｜彼｜が｜同時代人｜に｜自分｜の｜思想｜を｜	理解し	｜(てもらう)｜ために｜、｜意識的｜に｜時	リカイスル 理
って｜参り｜ました｜。｜#ぜひ｜あなた｜に｜	見	｜(てもらい)｜たい｜と｜思う｜のです｜。	ミル　見
える｜まで｜で｜の｜藤山外相｜に｜も｜たびたび｜	登場し	｜(てもらわ)｜ね｜ばならない｜。	トウジョウ 登
き｜きいれる｜代り｜に｜阿弥陀仏｜の｜像｜を｜造っ	造っ	｜(てもらい)｜たい｜、｜と｜いわ｜れ｜た｜	ツクル　作
｜に｜は｜、｜語り｜たく｜なかった｜こと｜も｜	語っ	｜(てもらわ)｜なければならなかった｜	カタル　語
｜として｜幕府｜に｜民間｜の｜意見｜を｜よく｜	聞い	｜(てもらう)｜ため｜、｜直参｜（旗本）｜	キク　聞
｜いう｜形｜に｜なる｜の｜なら｜、｜徹底的｜に｜	やっ	｜(てもらい)｜たい｜です｜ね｜。｜#という｜	ヤル　遣
｜を｜訪ね｜、｜上野さん｜から｜村山会長｜に｜	話し	｜(てもらう)｜よう｜お願い｜した｜。｜#上	ハナス　話

図6−1−2 | Excelデータを見やすくする方法

• ピボットテーブルを作る

　では、いよいよピボットテーブルを作ってみましょう。まず、表の左上、A1のセルをクリックして選択します。その後、上のメニューから挿入タブを選びます。すると、一番左上にピボットテーブルのアイコンがあるので、それをクリックしてください。なお、一番左上にあることから、この機能がExcelにおいて極めて重要であることがわかります。

図6-1-3｜「挿入」をクリックして、「ピボットテーブル」をクリック

クリックすると図6-1-4のようなダイアログが出ます。あらかじめA1のセルだけを選択しておくと、Excelが自動的に表の全てを範囲に設定してくれます。もちろん、表の一部だけを選択してピボットテーブルを作ることもできます。注意しなければならないのは、元のデータの一番上の行（今回は1の行）に空白のセルがあってはいけないということです。範囲に問題がなければ、OKを

図6-1-4｜ピボットテーブルのダイアログ

クリックしてください。

　次に、画面の右側に図6‐1‐5のようなサイドメニューが出現します。ピボットテーブルはここを使って操作します。まずは、右下の「値」というフィールドに、上の一覧から「キー」の文字をドラッグ&ドロップしてみてください。そうすると、26460という数字が表示されるはずです。「値」は集計の対象となるデータがある列を入力します。実際には何でもよいのですが、空白のデータがあってはいけないので、必ず何らかのデータが入っている「キー」にしました。中納言のキーは文字データなので、自動的に個数をカウントしてくれますが、他の調査で数値データを扱っている場合は、合計や平均を自動計算させることもできます。

図6‐1‐5｜「キー」を値に、「語彙素」を行にドラッグ&ドロップ

　次に、どんな語があるのかを知りたいので、「語彙素」を左下の「行」のフィールドにドラッグ&ドロップします。そうすると、それぞれの語が何回出

現したかが示されます（図6-1-6）。

　一番上には「CDコピーする」とありますが、これは1語の動詞とは言えません。今回利用した長単位は短単位を結合して作成した単位ですが、機械で処理を行っているので、このような誤解析も含まれてしまいます。とはいえ、誤解析の例は全体から見れば少数にとどまります。

図6ー1ー6 | 「てもらう」に前接する動詞

● ピボットテーブルの並べ替え

　しかし、図6-1-6では、最も多い動詞が何かはわかりません。数字が多いものの順に並べ替えることで、どのような動詞が多く使われるのかを知ることができます。並べ替えを行うには、表内の、並べ替えたい個数が書かれている数字のセル（たとえばB4のセル）を右クリックし、「並べ替え」→「降順」を選べばオーケーです（図6-1-7）。数字が大きいものから小さいものに下っていくので、「降順」です。結果を図6-1-8に示します。

　最も多いのは「する」なので「してもらう」が多いということがわかります。次の「せる」は助動詞なので「〜させてもらう」がよく使われていることがわかります。さらに「教えてもらう」「見てもらう」が続きます。5番目は「やる」で、「やってもらう」というコロケーションが多いことがわかります。

図6−1−7｜並べ替えの方法

行ラベル	個数 / キー
する	1997
せる	1473
教える	1120
見る	955
遣る	559
見せる	437
行く	414
分かる	386
買う	370
聞く	345

図6−1−8｜降順に並べ替えた「てもらう」の前接語

2　ピボットテーブルの便利な機能

　ピボットテーブルにはまだまだ便利な機能があります。

・絞り込む

　図6-1-8には、助動詞の「せる」が混ざっていますが、動詞に限った場合の表を作りたいということはよくあります。このような時は右のメニュー内で、「品詞」の列を、左上に位置する「フィルター」のフィールドにドラッグ＆ドロップすればよいです（図6-2-1）。そうすると、ピボットテーブルの上に「品詞」と表示され、小さな三角が表示されます。この三角をクリックすると、表示させる品詞だけを選ぶことができます。1つだけならそのま

ま選べますが複数を選択する場合には、下にある「複数のアイテムを選択する」にチェックを入れましょう（図6-2-2）。

これで、動詞のみの頻度表を作ることができました（図6-2-3）。

図6−2−1｜フィルター

図6−2−2｜フィルターで項目を選択

品詞	動詞-一般 ▼
行ラベル	↓ **個数 / キー**
する	1997
教える	1120
見る	955
遣る	559
見せる	437
行く	414

図6−2−3｜動詞のみの頻度表

• **割合を出す**

例えば、「教えてもらう」が1,120例あるといっても、何例中の1,120例なのかで意味合いは変わってきます。このような時、割合を計算することが多いのですが、ピボットテーブル機能を使えば、いちいち割り算をしなくても、簡単に計算結果を表示することができます。ただし、割合と実数の両方が見えたほうが便利なことも多いです。そこで、今の表に割合を追加する方法を紹介します。

まず、今個数が表示されている列の右に列を追加します。これは先程と同

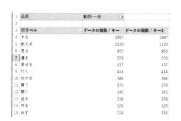

図6−2−4│キーをもう一度ドラッグ　　**図6−2−5**│列が2列に増える

様に、キーをもう一度「値」のフィールドにドラッグ＆ドロップすることで
追加されます（図6–2–4、6–2–5）。

　次に、増えた列の数字を1つ**右クリック**し、「計算の種類」→「列集計に対
する比率」を選べばオーケーです（図6-2-6）。結果は図6-2-7のようになり
ます。「教えてもらう」は「てもらう」全体の4.57%に相当することがわか
ります。

図6−2−6│列の割合を出す方法

行ラベル	データの個数 / キー	データの個数 / キー2
する	1997	8.15%
教える	1120	4.57%
見る	955	3.90%
遣る	559	2.28%
見せる	437	1.78%
行く	414	1.69%
分かる	386	1.58%
買う	370	1.51%
聞く	345	1.41%
送る	338	1.38%

図6-2-7|「てもらう」の前接動詞の割合表示

　なお、パーセント表示から元の粗頻度の表示に戻したい時は、「計算の種類」→「計算なし」を選べばオーケーです。

● 該当する例だけを確認する

　例えば、「遣る」の例が具体的にどのように使われているか確認したいことがあります。「遣る」の例だけを一覧表示させるのは非常に簡単で、該当する数値が書かれたセルをダブルクリックするだけで新しいシートが作られ、そこに「遣る」の例が抽出されて表示されます。ただし、前文脈や後文脈などはこのままでは見にくいので、再び図6-1-2の方法で見やすくする必要があります。ここから、さらにフィルタをかけたりして分析を深めていくことができます。

　具体例の抽出はこのように非常に簡単に行えるので、積極的に行いましょう。それぞれの例はざっとでいいので目を通すことが価値ある分析につなげるうえで重要です。

● クロス集計を行う

　中納言のデータの分析ではあまり利用しないのですが、ピボットテーブルの真の強みはクロス集計を行えることにあります。右下のメニューで、まず、「列」と「値」のフィールドに入っているものを上のリストにドラッグ＆ドロップして戻しましょう。次に、「値」に「キー」を、「列」にレジスターをドラッグ＆ドロップしてみましょう。BCCWJのレジスターごとにどのような

動詞が何例出現しているかという表を作ることができます。この表ではある
レジスターの列を右クリックして並べ替えを行うことで、そのレジスターに
多い動詞を知ることができます。図6-2-8は新聞における頻度が多い順に
並べたものです。「する」が1位である点は変わりませんが、「知る」「理解す
る」のように、全体の表では上位ではなかった語が上位に来ています。

　また、「計算の種類」から「行集計に対する比率」を選べば、その語がどの
レジスターに多いのかも知ることができます。ただし、そもそも各レジスタ
ーの語数が違うので、比較をする時は一番下の行、全ての用例のレジスター
ごとの比率と比較して行う必要があります。「出版・書籍」や「図書館・書
籍」はコーパスの総語数が多いので、割合が高くなるのは当然です。全体の
割合と比較して、明らかに傾向が異なっていれば、意味のある数字と言えま
す。ただし、正確にレジスターを比較する際には第8章の方法を使ってくだ
さい。

個数 / キー	列ラベル					
行ラベル ↓↑	出版・雑誌	出版・書籍	出版・新聞	図書館・書籍	特定目的・ブログ	特
する	66	408	16	405	247	
知る	19	67	14	54	28	
見る	62	186	14	199	105	
持つ	5	44	8	32	13	
理解する	9	112	7	76	12	
来る	23	43	7	65	23	
考える	4	37	7	28	12	
楽しむ	8	12	7	8	14	
利用する	1	6	6	3	3	

図6−2−8｜レジスターごとの頻度表（新聞レジスターの降順で並べ替え）

3　コラム：多いコロケーションのパターンは？

　上では文法コロケーションの例を紹介しましたが、もちろん、「名詞＋を
＋動詞」のようなコロケーションも検索することができます。中俣（2018）で
は、コロケーション・クイズという楽しい教材を作る方法を解説しているの
で、参考にして下さい。

　実はこのクイズを作っているときにハプニングがありました。私は、以下

のような条件で「〜をつかむ」のコロケーションのリストを作ろうとしてしまいました。

　　キー：品詞の小分類が「名詞−普通名詞−一般」
　　後方共起１：キーから１語　語彙素が $\boxed{を}$　AND　品詞の大分類が「助詞」
　　後方共起２：文末から２語　語彙素が $\boxed{掴む}$　AND　品詞の大分類が「動詞」

　しかし、間違えて、キーから２語後の語彙素を指定せず、品詞を動詞にしただけで検索、ダウンロードしてしまったのです。つまり、この検索条件は「名詞＋を＋動詞」というパターンに当てはまるすべての名詞を検索したことになります。当然結果は膨大な数になります。すべての例をダウンロードすることもできず、10万例のみダウンロードされましたが、怖いもの見たさでこの条件での名詞の頻度表を作ってみました。結果は以下の通りでした。

表6−3−1｜「NをV」という環境に出現するN

1	事	4,827
2	顔	1,861
3	目	1,691
4	声	1,046
5	身	760
6	姿	724
7	頭	722
8	口	687
9	言葉	642
10	首	578

　身体部位名詞が非常に多いことがわかります。名詞の数は非常に膨大なの

ですが、明らかに偏っています。しかも、コーパス全体でこれらの名詞が多いというわけではなく、純粋にコーパスにおける頻度を調べると、「人」「もの」「こと」のような幅広い意味を持つ名詞のほうが多く出現します。「名詞＋を＋動詞」という環境では出現する名詞は身体部位名詞に偏るのです。なぜでしょうか。実際の用例を調べると、その中には「足を洗う」「目を見張る」「手を結ぶ」のような慣用句が多く含まれていることがわかりました。コロケーションの研究や教育において、慣用句をどうするかというのは悩ましい問題なのですが、書き言葉コーパスにおける頻度から見れば、コロケーションの中で慣用句が占める割合は決して低くないと言えます。

　もちろん、身体部位名詞は慣用句以外にも、文字通りの身体を指す時にも使われています。両方の用例があるため、「ＮをＶ」という環境では非常に多く出現するのです。

章 末 問 題

1　「てしまう」に前接する動詞は何が多いか、ピボットテーブルを使って確認しましょう。また、前接する動詞の割合も計算してみましょう。レジスターごとに多い動詞を確認してみましょう。

2　何か動詞を１つ選び、名詞とのコロケーションを調べてみましょう。他動詞がおすすめです。格助詞の「を」も検索条件に入れておきましょう。

第7章

特定の表現を抽出する

　この章でも、引き続き、「てもらう」の前接語のデータを例に分析を行います。データの準備の方法は第6章をご覧ください。

1　特定の表現をフィルターで抽出する

　「てもらう」のデータを眺めていると、「〜てもらいたい」という語が多いような気がします。しかし、実際にはこれは何例あるのでしょうか。もちろん、「たい」を検索条件に含めて中納言で検索しなおしてもよいのですが、手間がかかります。それに、ファイルが2つに分かれてしまいます。今手元にあるデータで、「たい」を含む例だけに印をつけたりすることができれば、「てもらいたい」の前に多い動詞は何なのかを知ることもできます。

　このような時はExcelのフィルター機能を使うと便利です。早速やってみましょう。

　まず、ダウンロードした元データのあるシートに移動し、一番上の行をすべて選択します。これは、左側の1と書かれている灰色の行頭をクリックすればよいです。次に、ホームタブの右上の方に「じょうご」のようなアイコンが書かれているのでこれをクリックし、メニューから「フィルター」を選びます（図7-1-1。ただし、アイコンの位置や絵柄はバージョンによって異なります）。

　すると、全ての列の1行目に小さな下向きの三角形が表示されます。これ

をクリックすると、その列のデータを利用して並べ替えや絞り込みを行えるのです。

　今回は「てもらいたい」という形を抽出するので、「後文脈」の列にある三角をクリックします。検索窓があるので、ここに早速「たい」と入力したくなりますが、これが落とし穴。ここを使った絞り込みは非常に時間がかかってしまいます。スピーディーに作業を行うためには「テキストフィルター」というメニューから、「指定の値を含む」を選びます（図7-1-2）。

図7-1-1｜フィルターを選ぶ

図7-1-2｜フィルターを使って絞り込む

　ダイアログボックスが表示されますので、ここに絞り込むキーワードを入れるのですが、「たい」と入れるだけではいけません。Excel の検索はいわば文字列検索ですので、「たい」だけでは「たいへん」などもヒットしてしまうからです。かといって「てもらいたい」でもダメです。ダウンロードしたデータは実際には「｜（てもらい）｜たい｜。」のように区切り記号が入っているからです。デフォルトでは短単位・長単位の区切りは「｜」、文の区切りは「#」で表され、検索の条件に使った単位は（）でくくられています。**これらの記号はすべて半角であることに注意して下さい。**もし、この後の作業がう

まくいかなかった場合、その原因はまず間違いなく全角と半角を取り違えているからです。私が指導した数百人の学生の失敗の原因もすべて全角と半角の混同でした。

さて、検索条件はすべて）で終わっているので、私はこれを利用して「）｜たい｜」で検索するようにしています。「）」が使われているのは、検索条件に利用した語の後だけなので、検索条件の直後に「たい」が来ることが保証されているからです。また、下手に「てもらい）｜たい｜」で検索したりすると、実は形態的バリエーションである「読んでもらいたい」を見落としてしまうという落とし穴もあるため、私はできるだけ検索条件は短くするようにしています。

ただし、もちろんタ形やテ形が接続する形を抽出したい時には、タとダ、テとデのように2つの条件で検索する必要があります。コーパスを用いて分析を行うと言っても、日本語文法に関する知識は不可欠なのです。

実際に検索を行う画面は図7-1-3のようになります。

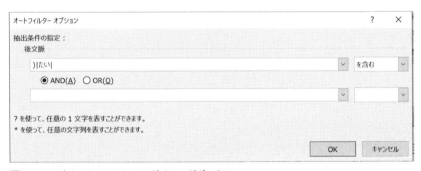

図7-1-3｜オートフィルターのダイアログボックス

これでOKを押すと、「たい」が後接する例だけが抽出されます。また個数も画面の下部に「26460レコード中2872個が見つかりました」と表示されます。10%強にあたるので、やはり「～てもらいたい」はよく使われるコロケーションと言えるでしょう。

2　タグづけ

ここでは、1.で使った「てもらいたい」の前に多い動詞は何かを調べてみ

ましょう。そのためには今抽出した列に「印」をつけることが実用的です。この印のことをここでは「タグ」と呼びます。タグをつければ、後でピボットテーブルを使ってそのタグを集計に利用できるようになります。

　データの一番右端まで移動し、「反転前文脈」の1つ右の列に「たい」と入力しましょう。集計を行う時は、一番上の行には必ず見出し名を入れなければならないのです。その下のマスはただの記号なので何を入力してもよいのですが、私は「1」を入力するようにしています。数値データのほうが他の処理の時にやりやすいし、1ならば加算するだけで合計数が出るからです。データの入力の方法ですが、図7-2-1のように2行目に1を入力した後、2行目のセルの右下をダブルクリックすると一気に入力することができます。その後、「後文脈」の列の三角をクリックし、「フィルターを解除」を選び、1がとびとびに入力されていることを確認してください。

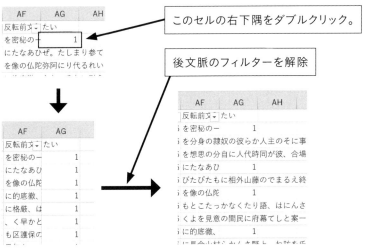

図7-2-1｜「てもらいたい」の用例のみに印をつける。

　ここまでくれば、後はピボットテーブルの集計だけです。列や行を増やした場合、ピボットテーブルの範囲を指定しなおさなければいけません。ピボットテーブルのシートに移動し、「**ピボットテーブルツール**」→「**分析**」→「**データソースの変更**」と進み、範囲を新たに指定するのですが、面倒であれば、もう一度新しくピボットテーブルを作っても構いません。ここからは、

値に「キー」、行に「語彙素」をドラッグ＆ドロップし、フィルターのところに「たい」の列を入れます。そして、フィルターで「1」になっているデータを絞り込めば、「てもらいたい」の前接動詞の頻度表ができあがります。結果は図7-2-2の通りですが、「てもらう」全体の頻度表と比較すると「成る」が3位になっていることが目立ちます。これは、「リーダーになってもらいたい」のように、「なってもらう」は「なってもらいたい」という形で使われることが多いという事を意味しています。

　また、「たい」を「列」のフィールドにドラッグ＆ドロップし、行集計に対する比率を表示すれば、各動詞について「たい」が接続する割合も求めることができます。「成る」の比率が高いことを確認しましょう。

	A	B
1	たい	1
2		
3	**行ラベル**	個数 / キー
4	する	298
5	遣る	120
6	成る	84
7	見る	83
8	せる	82
9	教える	77
10	知る	70

図7-2-2｜「てもらいたい」の前接語の頻度表

3　インラインタグ（上級者むけ）

　フィルター機能を使うと前文脈や後文脈から特定の表現を含む例を抜き出すことができます。しかしながら、Excel のフィルター機能の絞り込みはいわば文字列だけを対象にしたものです。特定の形式ではなく、「助動詞を含むもの」を絞り込みたい、という時には使えません。

　これを解決してくれるのが中納言側のインラインタグの機能です。検索画面のダウンロードオプションの中にある「インラインタグを使用する」にチェックを入れ、「語彙素」や「品詞」など必要な情報にチェックを入れると、前文脈や後文脈の全ての語にチェックを入れた情報が表示されるようになります（図7-3-1）。ただし、その結果は非常に見にくくなり、もはや目で見て用

例を分析することは不可能になるほどです（図7-3-2）。一度、普通にデータをダウンロードして分析を行い、必要に応じてインラインタグを設定し、もう一度ダウンロードをするのがよいでしょう。

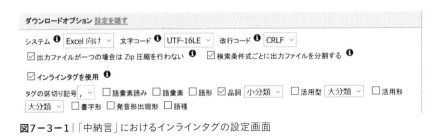

図7-3-1｜「中納言」におけるインラインタグの設定画面

	D	E	F	語
▼	前文▼	キー ▼	後文脈	▼
	司-格助詞]｜	超	｜自然[名詞-普通名詞-一般]｜的[接尾辞-形状詞的]｜な[助動詞]｜恵み[名詞-普通名詞	チ
	っぱ[副詞]｜	超	｜宗教[名詞-普通名詞-一般]｜的[接尾辞-形状詞的]｜な[助動詞]｜自然[名詞-普通名詞	チ
	ぴ[接続詞]｜	超	｜国家[名詞-普通名詞-一般]｜主義[名詞-普通名詞-一般]｜団体[名詞-普通名詞-一般	チ

図7-3-2｜インラインタグで品詞を表示させた結果

　ここでは、筆者がインラインタグを使用した実際の例を紹介します。副詞の研究をしているときに、「超かっこいい」のように「超」が副詞的に使われる例を収集する必要がありました。しかし、「超」は本来接頭辞で「超音波」のように名詞の前に接続するものです。このような例は除外する必要がありました。

　そこで、インラインタグで「品詞」を設定し、キーの語彙素が「超」、品詞が「接頭辞」でデータをダウンロードした後、後文脈のフィルタ機能で直後が[名詞－普通名詞－一般]になっているものなどを抽出し、除去していきました。なお、実際には後文脈は「｜自然[名詞－普通名詞－一般]｜」のようになり、タグから始まりません。「自然」の部分は様々に置き換わります。しかし、フィルタの絞り込みでは「?」の文字を使って任意の一文字を表すことができるので、実際には「|??[名詞－普通]」で始まるもの、のように絞り込

みを行いました。もちろん、一文字の名詞や三文字の名詞があるため、「|?|[名詞－普通]」「|???|[名詞－普通]」などでも抽出と削除を行っています。

　この作業のポイントは名詞「以外」が必要だったということです。必要な品詞が1つか2つならば、中納言で後方共起条件を直接指定したほうが早いのですが、必要なパターンは非常に多岐にわたることが予測されたため、全ての例をダウンロードし、必要ないものを切り捨てていくという手順を選びました。

4　前文脈・後文脈を1文だけに加工する

　これまでは、「てもらった」のように直接「た」が接続するパターンを抽出する方法を行いました。しかし、文末形式は直接接続するとは限りません。「てもらいたかった。」のようなものもあります。しかし、「た|。」を検索してしまうと、「では、やってもらおうと思います。ご回答ありがとうございました。」のように他の文が「た」で終わっているようなパターンも抽出されてしまいます。

　同様に、ある表現と共起する副詞を調べたい時に、そのまま前文脈から「副詞」を検索しても、目的の語が含まれる文よりも前の文にその副詞が使われているということがあります。これは、「前文脈」「後文脈」がキーの語が含まれる文だけが表示されているわけではなく、前後の文も表示されていることから起こる問題です。キーが含まれている文以外の文を削除することができれば、この問題は解決します。

　この作業は、Excelのみで行うことは困難ですが、テキストエディタと呼ばれる文字列を編集するソフトウェアを使うと、容易に行うことができます。テキストエディタには無料の「サクラエディタ」や有料の「秀丸」など様々なものがあります。「正規表現」を扱えるならばどのソフトでも可能です。Macでは「mi」が有力なソフトです。以下では、サクラエディタを使う場合を例に挙げます。ここでは、後文脈を一文だけにしてみましょう。

　サクラエディタは以下のURLからダウンロードすることができます。

https://sakura-editor.github.io/

次に、てもらう .xlsx を開き、後文脈の列を丸ごとコピーして、サクラエディ
タに張り付けます。図 7-4-2 の上側のようになるはずです。

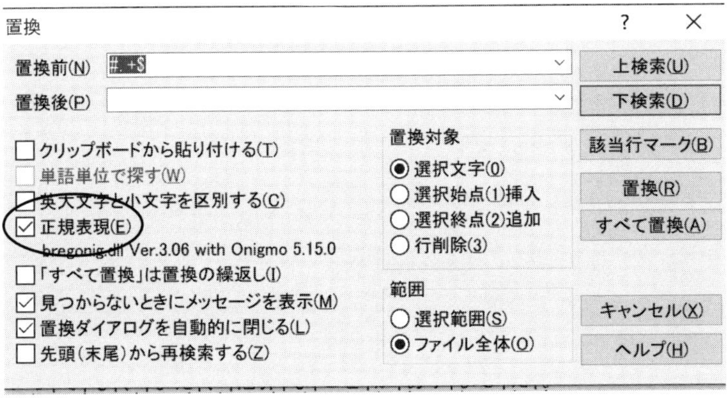

図7-4-1 | サクラエディタの「置換」メニュー

　次に、検索メニューから「置換」を選びます。図 7-4-1 のようなダイア
ログボックスが出たら「正規表現」という欄にチェックを入れます。その後、
置換前のボックスに半角で「#.*$」と入力します。置換後のボックスには一切
何も入力しません。無で置き換えるという方法で「削除」を行うのです。入
力が終わったら、まずは「該当行マーク」を押してください。すると、これ
から削除される部分が黄色く光ります。「#」以降の部分が光っていて、それ
以外の部分が光っていなければ成功です。そうでない場合はどこかで入力ミ
スをしています。光らない時は全角と半角を何度でも確認してください。削
除する箇所に問題がなければ、「すべて置換」をクリックします。結果は図7
-4-2 の下側のようになり、短くなっていることがわかります。

　ここでは、簡単に謎の記号の説明をします。まず、# は正規表現ではなく、
後文脈に使われている文字です。# は中納言では文境界を表すデフォルトの
記号です。文の境界を見つけ出せという意味です。次に「.」は任意の一文字、
「*」は 0 回以上の繰り返しを意味しますが、「.*」で任意の長さの文字列、0
文字でも可という意味になります。「$」は文末を意味する正規表現です。つ

図7−4−2 上：置換前　下：置換後

まり、「#.*$」は「# という文字があったら、そこから文末までの全ての文字列」という意味になります。これを無で置換、つまり削除したことで、キーが含まれる文以降の文字列をカットしたことになるのです。

　ちなみに、前文脈をカットする場合は記号が変わり、「^.*#」となります。「^」は文頭を表す正規表現です。後はどういうことになるのか、考えてみてください。

　後はこのデータを Excel に戻すだけです。元のデータを置き換えるのは、事故が怖いので、あらかじめシートをコピーしておくとよいでしょ

う。シートのコピーは**シートのタブを右クリックし、「移動またはコピー」を選びます**。現れたダイアログボックスで「**コピーを作成する**」にチェックを入れて、「OK」を押すとできます。次にテキストエディタのデータを「すべて選択」し（Ctrl+Aで簡単に行えます）、コピーを行います。その後、Excelに戻り、先ほどコピーしたシートで、後文脈なら後文脈をまるごと選択し、貼り付けを行うと一文だけに加工したデータになります。

　副詞の共起などを調べるときにもこの方法が役立ちます。前文脈を、キーを含む文以前の部分をカットしてから、副詞を抽出するのです。もちろん、中納言でも副詞と目的の表現の共起という形で検索することもできますが、キーから10語以内の語までしか検索できませんし、間の語数を多くすると処理が重くなります。中納言では目的の語だけを検索してダウンロードし、その後結果を加工したほうが、素早くデータを集めることができるのです。

　もちろん、この方法を使っても、複文などにおける副詞の係り先まではわかりません。厳密に調査を行う場合には、必ず例を見て、ゴミを取り除く作業が発生します。しかし、正規表現を使った処理を行うことで、他の文に係る例のような明らかなゴミをあらかじめ排除することができます。ゴミ取りの労力を大幅に減らせるということです。

　なお、ここで紹介した正規表現は他にもいくつか記号があり、それらを用いることで非常に強力な検索・置換を行うことができます。中納言のような検索ツールのついてないテキストデータのコーパスを検索する時には必須のスキルですし、人生の様々な局面で役に立つので、ぜひ身に着けてほしい技術です。web上にも様々な解説サイトがありますが、文献では、淺尾・李（2013）の第3章が初心者におすすめです。より本格的な一冊として大名（2012）があります。

5　疑似Nグラム（上級者むけ）

　これまでは、「てもらう」を含む文の前文脈や後文脈にどんな語が多いかということを、あらかじめ調べるキーワードを決めてからその数をカウントする方法を紹介してきました。しかし、この方法だと、（当たり前ですが）調べて

いない語の数を知ることはできません。そこには何か見落としがあるかもしれません。前文脈や後文脈に多い語を、コロケーションのように一覧で知る方法はないでしょうか。

　その1つに疑似Nグラムと私が呼んでいる方法があります。中俣（編）(2017)で採用しました。まず、最初にNグラムについて説明します。Nグラムとは、ある文章を単位に分割し、それをN個ずつ組み合わせたものです。単位は文字でも語でも何でもよく、Nには任意の自然数が入ります。以下、単位を語（短単位）とした時の例を示します。

　　　元の文：昨日は家でずっと動画を見ていた。
　　　1グラム（モノグラム）　昨日 | は | 家 | で | ずっと | 動画 | を | 見 | て | い | た |。
　　　2グラム（バイグラム）　昨日は | は家 | 家で | でずっと | ずっと動画 | 動画を | 見 | 見て | てい | いた | た。
　　　3グラム（トリグラム）　昨日は家 | は家で | 家でずっと | でずっと動画 | ずっと動画を | 動画を見 | を見て | 見てい | ていた | いた。

　1グラムは前文脈の表示方法そのままですが、2グラム、3グラムは語の連結を見ていることになります。そのほとんどは「は家」「でずっと」のように意味のないものですが、中には「家で」「動画を見」「ていた」のように重要そうなパターンも見つかります。このように大量の候補を作り、その中から数が多く意味がありそうな組み合わせを見つけていくのです。

　NグラムはRという統計プログラムなどを使って作るのが普通ですが、本書では、テキストエディタとExcelだけを使って、疑似的にNグラムを作る方法を紹介します。「てもらう」のデータを使って、後文脈にどのような表現が多いのか、疑似Nグラム法で確かめてみましょう。

　まず、4.で紹介した方法を使って、後文脈をその文だけに加工します。次に、1行に1文だけが表示されている状態から、1行に1語だけが表示されている状態に変換します。「検索」→「置換」メニューを開き、正規表現にチェックが入っていることを確認したうえで、以下のように入力します。半角

で入力することを忘れないでくださいね。

　　　　置換前　\|
　　　　置換後　\r

　これはどちらも正規表現です。| は後文脈における短単位の区切り記号で、これを置換しているのですが、正規表現には別に | という記号もあるので、それと区別するために \ というメタ文字をつけているのです。「\」はバックスラッシュと読み、キーボードの「/」の横にあります。環境によっては「¥」で表示されることもありますが、気にせず進めてください。置換後の \r は全体で改行を意味します。全体として「|」という文字をすべて改行せよという意味になります。

　次に、Excelで新しいシートを作ります。今回は 4 グラムまで作ろうと思います。まず、1 行目の A1 から D1 までにそれぞれ 1，2，3，4 と入力してください。その後、サクラエディタの全データをコピーし、A1 から 4 つ下のセル、A5 のセルに貼り付けてください。さらにそこから右上に 1 行 1 列ずらした B4 のセルにも貼り付けます。同様に C3、D2 にも階段状に貼り付けて、図 7-5-2 のような形にして下さい。

図7-5-1｜置換前の画面（上）、置換の方法（左）、置換結果（右）

	A	B	C	D
1	1	2	3	4
2				後文脈
3		後文脈		
4		後文脈		(てもらい)
5	後文脈		(てもらい)	たい
6		(てもらい)	たい	なら
7	(てもらい)	たい	なら	、
8	たい	なら	、	部屋
9	なら	、	部屋	に
10	、	部屋	に	入る
11	部屋	に	入る	とき
12	に	入る	とき	に
13	入る	とき	に	ドア

図7－5－2｜疑似Nグラムの作り方

　図7-5-2のデータを横に見ると、すでにNグラムができていることがわかります。Aの列だけ見ると1グラム、Bの列まで見ると2グラムです。しかし、このままでまだ集計できません。セルを結合する必要があります。

　Eの列の一番上のセル（E1）に「2グラム」と手で入力します。その後、データがそろっている行を探します。図7-5-2では7行目からですね。そこで、E7のセルに「=A7&B7」と半角で入力してください。後はE7のセルの右下隅をダブルクリックし、下まで入力します。これが2グラムの列になります。同様にFの列には一番上に「3グラム」と入力し、F7には「=A7&B7&C7」と入力します。Gの列には一番上に「4グラム」と入力し、G7下には「**=A7&B7&C7&D7**」と入力します。入力がすんだら**各セルの右下隅をダブルクリックし**、下のセルを埋めてください。完成形は図7-5-3です。Excelで「+」は数字を加算する記号ですが、「&」は文字列を結合する記号です。

　後は、このシート全体からピボットテーブルを作り、集計します。1グラムの場合は「1」の列、2グラムの場合は「2グラム」の列を「値」と「行」にドラッグ＆ドロップし、多い順に並べ替えれば、どのような表現が多いのかを知ることができます。ただし、ゴミも非常に多いので、ここから目で見て探さなければなりません。図7-5-4は2グラムを表示しています。
図7-5-4を見ると、これまでに調べた「てもらいたい」や「た。」の形が多いことがわかります。加えて、「ます。」「ました」「てもらいまし」「です。」などの存在から、「てもらう」は丁寧体でよく使われているのではないかと推

7 ▾ : × ✓ fx =A7&B7

	1	2	3	4 / 2グラム	3グラム	4グラム
			後文脈			
		後文脈	(てもらい)			
	後文脈	(てもらい)	たい			
後文脈	(てもらい)	たい	なら			
(てもらい)	たい	なら	、	(てもらい)たい	(てもらい)たいなら	(てもらい)たいなら、
たい	なら	、	部屋	たいなら	たいなら、	たいなら、部屋
なら	、	部屋	に	なら、	なら、部屋	なら、部屋に
、	部屋	に	入る	、部屋	、部屋に	、部屋に入る
部屋	に	入る	とき	部屋に	部屋に入る	部屋に入るとき
に	入る	とき	に	に入る	に入るとき	に入るときに
入る	とき	に	ドア	入るとき	入るときに	入るときにドア
とき	に	ドア	を	ときに	ときにドア	ときにドアを

図7−5−3│疑似Nグラムデータ完成形

行ラベル	個数 / 2グラム
。	16986
(てもらっ)	7475
(てもらい)	6258
(てもらう)	5669
た。	4400
(てもらっ)た	3555
(てもらえ)	2693
(てもらい)たい	2655
」	2630
ます。	2360
ました	2291
(てもらっ)て	1944
が、	1467
(てもらえる)	1358
て、	1160
(てもらい)まし	1160
？	1110
です。	1006

図7−5−4│「てもらう」後文脈の2グラムの集計

測を立てることができます。とはいえ、「てもらいました」という形で終わることが多いのかどうかは3グラムや4グラムのデータを見たり、別途フィルター機能を使って絞り込んだりして調査する必要があります。

経験から言うと、後文脈の中から文末表現を調べる時は2〜4グラムのデータが重要です。反対に前文脈を調べる際には共起する副詞などが重要になり、この場合はむしろ1グラムのデータが有益な情報をもたらしてくれることが多いです。

6　ランダムピックアップ

　これまで、前文脈や後文脈に多い形式について、数を調べたり、あるいは一覧を表示する方法を紹介してきました。しかし、日本語の研究で注目すべき箇所は機械的に形式から判断できるものだけではありません。例えば主語がヒトなのかモノなのかという有生性の問題については、自動で判断することは難しく、人の目で見て判断するしかありません。あるいは、「ている」には大きく動作進行の意味と結果存続の意味がありますが、これも現在は自動で判別することはできません。このほか中俣（2020）はモダリティ形式の「てもいい」について目で見て意味を11種類に分類していった研究です。

　しかし、コーパスの用例を目で見る時、その膨大すぎるデータ量がネックとなります。10,000例もの検索結果があった場合に、その全部を見ると言うのは大変です。実際にはランダムに一部を取り出したとしても、全体の傾向は変わらないので、一部を見ることになります。ただし、ここで重要なのは「ランダム」に取り出すというところです。

　実はダウンロードしたデータはID番号の順番に並んでいて、このIDはレジスターの順番に並んでいます。様々な例を見ようとしても、上から見ていくと「図書館・書籍」レジスターの例ばかりが並んでしまうという弊害があります。

　そこで、まずはダウンロードしたデータをランダムに並べ替え、それから上から100例を分析すれば、ランダムに100例見たことになる、という手法をとります。以下、具体的な説明です。

　まず、データに列を追加し、いちばん上に、「ランダム」と打ち込みます。次に、その下のセルに半角で「=rand()」と打ち込みます。これは0から1までのランダムな数を生み出す関数です。dの文字の後は数字のゼロではな

く、何も入っていないかっこです。関数は普通 =left（A1,4）のように、かっこの中に、引数（ひきすう）と呼ばれる操作の対象を入力するのですが、**rand 関数**は無からランダムな数字を生み出す関数ですので、かっこの中には何も入れないのです。

「=rand（）」と打ち込んだ状態で Enter キーを押すと、ランダムな数字が出力されます。その後、**そのセルの右下隅をダブルクリック**して列全体に内容をコピーします。次に、一番上の行を全選択してフィルタをかけます。すでにフィルタがかかっている場合は、一度フィルタを解除して、もう一度一番上の列にフィルタをかけると、「ランダム」の列に小さな下向き三角が表示されます。**最後にこの小さな下向き三角をクリックし、「昇順」もしくは「降順」で並べ替えを行えば、ランダムな順にシャッフルされます**。この状態で上から 100 例とか 500 例を調べれば、ランダムに 100 例、500 例を調べたことになります。

なお、「ランダム」の列は他のセルに入力などを行うと、数字が変わりますが、これは何かアクションを起こすたびに新しいランダムな数値を生成するという rand 関数の仕様なので気にしないでください。

また、何例目視するべきかというのは難しいところです。筆者が『日本語教育のための文法コロケーションハンドブック』を作った時は目で見る必要がある場合は 1,000 例見ました。これは 1% 程度しか現れない稀な現象でも 1,000 例あれば 10 例は集まるので、何らかの傾向を発見できるだろうと考えたからです。しかし、これは筆者が大量の用例を、判断しながら見るという

	A	B	C	D	
				=RAND()	
1	サンプル	開始位置	連番	ランダム	
2	LBa0_0000	61590	31720	0.970638245	れど｜1
3	LBa1_0000	14030	7990	0.165278216	その主
4	LBa1_000:	16930	8400	0.067193673	、｜彼｜
5	LBa2_0000	35610	18130	0.551376357	って｜参
6	LBa2_0000	95290	49280	0.304286918	える｜ま
7	LBa2_0000	92790	50380	0.270176748	ききい
8	LBa2_000:	50310	25320	0.292020775	に｜は｜

図7−6−1｜RAND 関数を打ちこみ、全てのセルにコピーした状態。この後並べ替える。

作業に慣れていたからということもあります。まずは 100 例ほど見るということを達成するという感覚を得ることも重要だと思います。そうすれば、その 5 倍の時間で 500 例を見ることができるという感覚をつかむことができます。（そして 500 例の 2 倍で 1,000 例です。）マラソンのように細かく目標を刻むとよいと思います。

　この作業を行う時に、例えば主語を「人」「物」のように打ち込んでいくとそれだけで時間がかかります。こういう時は有生物 =1、無生物 =0 のように数字のルールを決めて半角数字だけを打つようにすると作業が効率化できます。また、特に意味を判断するような研究を行う場合は、ある程度前文脈・後文脈を長めに設定してダウンロードしておいたほうがよいでしょう。

　なお、この rand 関数は色々な場面で役に立つ関数です。筆者はアンケートの質問項目をシャッフルする際にも使っています。

章 末 問 題

1　「てもらう」は実は「〜てもらえる」のように可能の形で使われることも多いのです。このような例だけを抽出してみましょう。活用形は「てもらえる」「てもらえれば」のようにいろいろあるので、検索条件には工夫が必要です。試行錯誤しましょう。また、可能の場合に絞ると、前接語には何が多いか、ピボットテーブルで確認してみましょう。動詞ごとの可能率も調べましょう。

2　「てもらう .xlsx」のデータの後文脈の列を 1 文だけに加工してみましょう。その後、「た。」を抽出し、文末が「た」になっている例が何例あるか調べなさい。

3　「てもらう」は「（ウチの人間）が（ソトの人間）に〜をしてもらう」という構造をとるとされています。この時、実際に動作を行うソトの人間が「に」格で表示されている例は何％ぐらいあるでしょうか。100 例ランダムピックアップを行い、調べてみましょう。なお、「に」がつく名詞を機械的に抽出するだけでは「ニューヨークに行ってもらう」のような例が含まれるため、うまくいきません。目視で確認しましょう。

第8章

レジスターの比較

1 「書籍」に多い、は本当か？

　ピボットテーブルを使うと、様々な比較を行うことができます。BCCWJのデータの中にはレジスターという項目があります。レジスターは使用域という意味ですが、BCCWJ では＜新聞＞や＜ Yahoo! ブログ＞など異なる種類の文書群のことを指します。新聞とブログでは言葉遣いや文体が異なると考えられます。つまり、レジスターを比較することでその語の文体的な情報を知ることができます。硬い文書でよく使われるのか、軟らかい文書でよく使われるのかといったことです。

　こうした比較はコーパスを使った研究ではよくみられるものですが、注意しなければ思わぬ落とし穴にはまってしまいます。図 8-1-1 を見てください。これは、「てもらう .xlsx」を元にピボットテーブルを作成し、レジスターを行に入れて比較したものです。「てもらう」が最もよく使われるレジスターはどこでしょうか？

　図 8-1-1 を見て、「図書館・書籍」と答えた人は、すでに落とし穴にはまっています。次の事を考えてみてください。日本と中国の大学生の数を比較する時に、その数を直接比較してもよいものでしょうか？　あるいは、100巻まで続いた漫画の売り上げと、10 巻までしか出ていない漫画の売り上げを直接比較することはできるでしょうか？　それは公平ではありませんね。普

行ラベル	個数 / キー
出版・雑誌	1195
出版・書籍	5927
出版・新聞	377
図書館・書籍	6621
特定目的・ブログ	3376
特定目的・ベストセラー	1368
特定目的・韻文	8
特定目的・教科書	74
特定目的・広報誌	521
特定目的・国会会議録	1492
特定目的・知恵袋	5418
特定目的・白書	83
総計	26460

図8−1−1|「てもらう」のレジスターごとの比較

通は、人口 1 万人あたりの大学生の数とか、漫画 1 巻あたりの売り上げのように単位を揃えて比較します。そうでなければ、母数が大きい中国の大学生の数や 100 巻まで続いた漫画の売り上げの方が大きいに決まっているからです。

　コーパスのレジスターにも同じことが言えます。レジスターを比較する時の落とし穴は、各レジスターの総語数が大幅に異なっているということなのです。単位を揃えて比較しなければ、公平な比較とは言えません。これはどのコーパスにも言えることですし、複数のコーパスを比較する時にも必ず必要な操作です。

2　調整頻度とpmw

　コーパスを検索し、得られた用例の数のことを粗頻度（そひんど／あらひんど）と呼びます。それに対して、異なるコーパスやサブコーパスを比較するために、調整した頻度のことを調整頻度と呼びます。

　調整頻度とは、総語数を一定の数にそろえた頻度のことで、1,000 語あたりの頻度でも 1 万語あたりの頻度でも何でも構いません。BCCWJ のような大規模なコーパスでは 100 万語あたりの頻度がよく使われ、Per Million Words の頭文字をとって pmw と呼ぶことが多いです。ただし、どんなコーパスでも pmw を使えばよいということにはなりません。総語数が 100 万語未満の

コーパスについて pmw を使うべきではありません。例えば、全部で 1,000 人しか留学生がいない大学が「本学には 10 万人あたり 1 万人の留学生がいます」という報告をするのは、いくらその割合が正しいとしても、何か誇張していると感じられるのではないでしょうか。調整頻度の単位は何でもよいので、コーパスの総語数を大きく超える単位を選ぶべきではありません。

　さて、BCCWJ のレジスターを pmw を使って比較する場合、計算式は以下のようになります。

　　pmw＝粗頻度÷レジスターの総語数×1,000,000

　図 8-1-1 で集計した頻度は粗頻度に相当します。後は、各レジスターの総語数さえ分かれば、pmw を計算し、レジスター間の比較を行うことができます。BCCWJ の総語数は約 1 億語と言われていますが、レジスターごとの正確な総語数はどのようにして知ることができるのでしょうか。実はこれを知るためには少し手間がかかるのですが、一度 pmw 計算機を Excel で作ってしまえば、今後ずっと研究に使えるファイルになりますので、次節ではその作り方を紹介します。

3　pmw の計算法

　ここでは、BCCWJ の各レジスターの語数を調べ、pmw の計算機を Excel で作成します。まず、中納言にログインし、BCCWJ の検索画面に移動します。そして、右上の方に「語数について」というリンクがあるので、ここをクリックします（図 8-3-1）。

図8－3－1｜語数表へのリンク

次に、短単位か長単位、利用する方のファイルをダウンロードします。今回は長単位「てもらう」のレジスターを比較したいので、長単位のファイルをダウンロードします。最初の画面ではなく、上の「長単位語数表」というタブをクリックし、拡張子が xlsx になっている Excel ファイルをダウンロードします（図8-3-2）。バージョンが一番新しいものを選んでください。

「中納言」版 BCCWJ／長単位語数　Long-Unit-Word

「中納言」データの、サブコーパス別の長単位の語数は表（Excelデータ）の通りです。
ここでは、コアを別立てし、空白・記号等は除外して計算しています。

語彙表	長単位語数表	短単位語数表	「中納言」データ更新履歴

 Excelデータ

次のリンクからExcel形式の長単位語数表データ（サンプル別）がダウンロードできます。

長単位語数Excelデータ(Version 1.1)のダウンロード　BCCWJ_WC_LUW_v11.xlsx

長単位語数Excelデータ(Version 1.0)のダウンロード　BCCWJ_WC_LUW_v10.xlsx

図8-3-2｜語数データのダウンロードページ

ダウンロードしたファイルは BCCWJ_WC_LUW_v11.xlsx という名前になっていますが、これではわかりにくいので、長単位 pmw 計算機 .xlsx のようにわかりやすい名前にするとよいでしょう。さて、この Excel ファイルを開くと、図8-3-3のようになります。

データが多くてびっくりするかもしれません。BCCWJ は多数のサンプルからなり、そのサンプル1つ1つの語数が書かれているのです。「出版・書籍」の語数とは「出版・書籍」に属するサンプルの語数を合計した結果になります。

これだけの量のデータを集計するのは大変そうですが、すでに学んだ Excel

	A	B	C	D	E	F	G	H	I	J	K	L	M	N
1	サンプルI	レジスター	レジスター	コア	生年代	性別	ジャンル	出版年	語数(固定	語数(可変	語数(全て	語数(記号	語数(記号	語数(記号
2	LBa0_000	図書館・書	LB	0	1940	男	0 総記/07(	1986	609	5695	5695	451	4549	4549
3	LBa0_000	図書館・書	LB	0	1930	男	0 総記/01	1986	618	7227	7227	520	6120	6120
4	LBa0_000	図書館・書	LB	0	1920	男	0 総記/04	1986	712	521	912	554	425	717
5	LBa0_000	図書館・書	LB	0	1840	男	0 総記/08	1986	603	424	894	554	371	816
6	LBa1_000	図書館・書	LB	0	1910	男	1 哲学/12(	1986	627	1319	1319	518	1115	1115
7	LBa1_000	図書館・書	LB	0	1910	男	1 哲学/19	1986	639	5105	5105	534	4219	4219
8	LBa1_000	図書館・書	LB	0	1920	男	1 哲学/10	1986	612	4599	4599	482	3558	3558
9	LBa1_000	図書館・書	LB	0	//1940	女/男/女	1 哲学/14(	1986	493	2560	2560	425	2173	2173

図8－3－3｜長単位語数Excelデータを開いたところ

の機能を使えば簡単に集計することができます。そう、ピボットテーブルです。

データをすべて選択し、ピボットテーブルを作成します。「値」の欄には、集計したい項目を入れるのですが、ここでは、語数（記号等除外・全て）を入れます。今は可変長・固定長のデータを区別していないためです。固定長のデータのみを見る時はその値を使います。そして、「行」の欄に「レジスター」を入れます。結果は、図 8-3-4 のようになります。

行ラベル	合計 / 語数(記号等除外・全て)
出版・雑誌	3480827
出版・書籍	22857886
出版・新聞	997535
図書館・書籍	25092639
特定目的・ブログ	8285042
特定目的・ベストセラー	3185745
特定目的・韻文	202425
特定目的・教科書	746170
特定目的・広報誌	2308452
特定目的・国会会議録	4007842
特定目的・知恵袋	8613023
特定目的・白書	3100617
特定目的・法律	706313
総計	**83584516**

図8－3－4｜ピボットテーブルによる集計

総計が約 8,300 万になっていることを確認してください。1 億語より少ないのはこれが短単位を連結した長単位だからです。もし、1 万程度のかなり小さな数字が表示されている人がいたら、集計方法が間違っている可能性があります。数字を右クリックし、「集計の方法」を選んでください。「データの個数」ではなく、「**合計**」が正しい方法です。

ここまでくれば、pmw計算機は簡単に作れます。まず、今開いている長単位pmw計算機.xlsxに新しいシートを追加します。次に、1行目に図8-3-5のように入力してください。

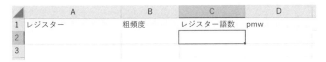

図8-3-5｜計算機の準備：1行目

　A1からD1にそれぞれ「レジスター」「粗頻度」「レジスター語数」「pmw」と入力します。次に、「レジスター」の列と「レジスター語数」の列に、先ほど作ったピボットテーブルの内容をコピー＆ペーストします。レジスターの列には、「出版・書籍」から「特定目的・法律」までの縦1列をコピーして貼り付け、「レジスター語数」の列には、それに対応する語数を貼り付けます。結果は図8-3-6のようになります。ここで空欄に私は色をつけますが、これは見栄えの問題です。

	A	B	C	D
1	レジスター	粗頻度	レジスター語数	pmw
2	出版・雑誌		3480827	
3	出版・書籍		22857886	
4	出版・新聞		997535	
5	図書館・書籍		25092639	
6	特定目的・ブログ		8285042	
7	特定目的・ベストセラー		3185745	
8	特定目的・韻文		202425	
9	特定目的・教科書		746170	
10	特定目的・広報誌		2308452	
11	特定目的・国会会議録		4007842	
12	特定目的・知恵袋		8613023	
13	特定目的・白書		3100617	
14	特定目的・法律		706313	

図8-3-6｜ピボットテーブルからA列とC列に貼り付け

　ここまでくれば、あと一息です。pmwの列には計算式を入れます。D2のセルをクリックし、「=B2/C2*1000000」と入力してください。これはpmwの計算式に対応していることを確認してください。0と表示されたら、D2セルの右下隅をダブルクリックし、下の全てのセルに同じ式を入力します。

最後に、「てもらう .xlsx」を開き、ピボットテーブルでレジスターごとの語数を算出し、その値をコピー、pmw 計算機の粗頻度の列に張り付ければ、「てもらう」のレジスターごとの調整頻度が図 8-3-7 のように表示されます。なお、当初は小数点以下に数字がたくさん並びますが、読みにくいので、小数点以下の桁数を減らすボタンを使って、小数点以下を表示しないようにしています。また、＜法律＞の値が 0 であることにも注意して下さい。検索した語をピボットテーブルで集計する際、1 例も存在しないレジスターはピボットテーブルに表示されません。＜特定目的・法律＞は列の一番最後なので影響がありませんが、途中の列でこのようなことが起こった場合、それ以下の値がずれることがあるので、修正が必要になってきます。＜韻文＞と＜教科書＞は特に 0 件になることが多いので気を付けてください。

	A	B	C	D
1	レジスター	粗頻度	レジスター語数	pmw
2	出版・雑誌	1195	3480827	343
3	出版・書籍	5927	22857886	259
4	出版・新聞	377	997535	378
5	図書館・書籍	6621	25092639	264
6	特定目的・ブログ	3376	8285042	407
7	特定目的・ベストセラー	1368	3185745	429
8	特定目的・韻文	8	202425	40
9	特定目的・教科書	74	746170	99
10	特定目的・広報誌	521	2308452	226
11	特定目的・国会会議録	1492	4007842	372
12	特定目的・知恵袋	5418	8613023	629
13	特定目的・白書	83	3100617	27
14	特定目的・法律		706313	0

図8－3－7｜レジスターごとのpmwの計算結果

　図 8-3-7 を見ると、粗頻度と pmw ではずいぶん値が異なることがわかります。粗頻度は＜図書館・書籍＞＜出版・書籍＞が多く、次いで＜知恵袋＞なのですが、pmw で見れば＜知恵袋＞が他よりもはるかに出現頻度が高いことがわかります。その次に多いのが＜ベストセラー＞と＜ブログ＞です。＜図書館・書籍＞＜出版・書籍＞はむしろ平均値以下の値でしかないことがわかります [iv]。このことからも、粗頻度に基づいてレジスターのデータを論じる

iv──図8－3－7におけるレジスターごとのpmwの平均は267です。

のは間違いの元だということがわかります。

4 ジャンルごとの pmw の計算

BCCWJ では文書の種類はレジスターと呼ばれますが、その下位分類は「ジャンル」と呼ばれます。例えば<図書館・書籍>と言われても具体的にはどんな本なのかよくわかりません。このような時、ジャンルにまで目を向けるとさらに傾向がわかることがあります。ただし、注意しなければならないのは、ジャンルの中身はレジスターによって大幅に異なるということです。例えば、<国会会議録>のジャンルは<参議院 / 常任委員会 / 厚生委員会>のように委員会の種類になっています。一方、< Yahoo! ブログ>のジャンルは<エンターテインメント / テレビ / バラエティ番組>のようになっています。全く異なる性質のものを比較する意味はなく、ジャンルの比較は、レジスターを統一したうえで行うべきです。

<出版・書籍><図書館・書籍><特定目的・ベストセラー>の3つのレジスターは図書館の分類番号でおなじみの NDC によってジャンルが区分されており、それぞれのジャンルの違いがイメージしやすくなっています。ここでは、この3レジスターのジャンルを比較する方法を紹介します。

まず、「てもらう .xlsx」のデータからピボットテーブルを作って下さい。「値」にはキーを入れます。次にフィルターに「レジスター」を入れ、「複数

1	レジスター	(複数のアイテム)
2		
3	行ラベル	個数 / キー
4	(新) 0 総記/002.04/0010|(旧) 0 総記/002/0010	1
5	(新) 0 総記/002.7/0034|(旧) 0 総記/002/0034	1
6	(新) 0 総記/002.7/1230|(旧) 0 総記/002/1230	4
7	(新) 0 総記/002/1000|(旧) 0 総記/002/1000	3
8	(新) 0 総記/002/1030|(旧) 0 総記/002/1030	1
9	(新) 0 総記/007.13/0340|(旧) 0 総記/007/0340	1
10	(新) 0 総記/007.3/0033|(旧) 0 総記/007/0033	2
11	(新) 0 総記/007.3/0034|(旧) 0 総記/007/0034	1
12	(新) 0 総記/007.3/0036|(旧) 0 総記/007/0036	2

図8−4−1｜ピボットテーブルでジャンルを集計した結果

のアイテムを選択」にチェックを入れ、＜出版・書籍＞＜図書館・書籍＞＜特定目的・ベストセラー＞の３つのレジスターを選択してください。最後に「行」に「ジャンル」を入れます。そうすると、図8-4-1のようになるはずです。

　しかし、図8-4-1にはいくつか問題があります。まず、(新)／(旧)と２つの情報が記されています。これは2021年４月にジャンルについての改訂が行われたためです。また、それをどちらかに絞ったとしても、ジャンルが細かすぎ、それぞれのジャンルの例が少なすぎます。＜0 総記/002/0010＞などと表示されてもそれが何を意味しているのかがわかりません。むしろ、＜0　総記＞とか＜9　文学＞のように最初の４文字だけを見たほうがわかりやすいです。

　そこで、ジャンルを最初の部分だけにして、後ろの部分を省く作業を行います。(新)と(旧)の２つがあるのですが、先ほどダウンロードした語数表は残念ながら(旧)のデータしか掲載されていませんので、まずは(旧)のデータで計算してみます。再び、正規表現を使った置換を利用します。

　まず、「てもらう .xlsx」の元データのシートに移動します。ジャンルの列のデータをまるまるコピーし、サクラエディタにはりつけます。次に、検索メニューから置換を選び、以下のように置換してください。

　　置換前　^.+旧＼)　　　　　←　最後に半角のスペースを加える

　置換後の欄には何も入れません。これで、(新)の情報が削除されます。注意点は、半角の丸括弧の前に半角のバックスラッシュを加えることです。￥マークになることもあります。また、全体の後ろに半角のスペースを入れましょう。次に、細かい分類を削除します。今回も置換後の欄には何も入れません。

　　置換前　/.+$

　ジャンルの名前がシンプルになったら、ジャンルの列を探し、その右に列を挿入します（列の頭を右クリックし、挿入します）。そこに、先ほどサクラエディタで短くしたデータをはりつけてください。その後、新しい列の１行目には

「ジャンル 2」と入力します。

　なお、(新) のジャンルを使いたい場合には以下のようにすると簡単です。この場合は正規表現による置換は不要です。まず、ジャンルの列を探し、その右に列を挿入します。1 行目には「ジャンル 2」と入力します。そして、新しい列の 2 行目には以下のように入力します[v]。

　　=mid (Y2, 5, 4)

　mid は mid（対象のセル、切り取りを開始する文字の位置、切り取る文字数）という関数です。例えば、A1 に「あいうえお」と入力し、A2 に =mid(A1, 2, 3) と入れれば、A2 には「いうえ」が表示されます。

　すべてのセルに短縮したジャンル名が入力できたら、ピボットテーブルに戻ります。元のデータに加工を加えた時は、必ずピボットテーブルを右クリックし、「更新」を行ってください。そうすると、右のリストに新しく作った「ジャンル 2」という列が表示されます。フィルターで＜出版・書籍＞＜図書館・書籍＞＜特定目的・ベストセラー＞の 3 つのレジスターを選択し、「値」に「キー」を入れ、「行に」「ジャンル 2」を入れると、図 8-4-2 のように、ジャンルごとの集計が行われます。

　では、図 8-4-2 を分析してみましょう。これは（旧）のデータを用いたものです。一番多いジャンルはどれでしょうか。ここで、＜9　文学＞と答えてしまった人は注意して下さい。レジスターの時と同様、ジャンルもまた母集団の数は不ぞろいです。つまり、粗頻度を集計した図 8-4-2 を見ても、どのジャンルが多いかは「わからない」というのが正解なのです。

　つまり、ジャンルについても pmw を計算する必要があります。これは、8-3 で作成した長単位 pmw 計算機 .xlsx のファイルから作ります。こちらで

----

[v]───ただし、mid を使って 4 文字だけを切り出すと「3　社会科学」は「3　社会」となります。これが気になる場合は =mid(2, 5, find("/", Y2)-5) のようにすれば、/の 1 つ前の文字までを切り取ることができます。find は指定した文字がセルの文字列の何文字目に出現するかという値を返す関数です。

レジスター	（複数のアイテム）	
行ラベル	データの個数 / キー	
0 総記		339
1 哲学		581
2 歴史		850
3 社会科学		2638
4 自然科学		831
5 技術・工学		765
6 産業		551
7 芸術・美術		903
8 言語		181
9 文学		5732
分類なし		545
総計		13916

図8−4−2｜ジャンルの単語集計

レジスター	（複数のアイテム）	
行ラベル	合計 / 語数(記号等除外・全て)	
0 総記		1192037
1 哲学		2722802
2 歴史		4664322
3 社会科学		10499413
4 自然科学		3529089
5 技術・工学		3192535
6 産業		1717636
7 芸術・美術		3340100
8 言語		803081
9 文学		17548951
分類なし		1926304
総計		51136270

図8−4−3｜長単位語数Excelデータの集計

も、ジャンルのデータは細かすぎるので、まずはジャンルの列を丸ごとサク
ラエディタにコピーし、正規表現を使って、「/.+$」を置換することで後ろの
部分を削除します（（新）（旧）の区別がないので、前の部分を削除する必要はありません）。
短くしたデータをコピーし、Excelに戻って、新しい列にはりつけます。次に、
ピボットテーブルに移動します。1列増えた場合は、「データソースの変更」
を使ってピボットテーブルの範囲を選択しなおします。

　そして、フィルターで＜出版・書籍＞＜図書館・書籍＞＜特定目的・ベス
トセラー＞の3つのレジスターを選択し、値に「語数（記号等除外・全て）」を
入れ、行に「ジャンル2」を入れると、図8-4-3のような結果が出ます。

　後は、レジスターの時と同じように、図8-4-4のような計算表を作りま

ジャンル	粗頻度	ジャンル語数	pmw
0 総記		1,192,037	0.00
1 哲学		2,722,802	0.00
2 歴史		4,664,322	0.00
3 社会科学		10,499,413	0.00
4 自然科学		3,529,089	0.00
5 技術・工学		3,192,535	0.00
6 産業		1,717,636	0.00
7 芸術・美術		3,340,100	0.00
8 言語		803,081	0.00
9 文学		17,548,951	0.00
分類なし		1,926,304	0.00

図8−4−4｜ジャンルごとのpmw計算機

す。ジャンルの列とジャンル語数の列は長単位 pmw 計算機のピボットテーブルからコピーして貼り付けます。pmw の列には「粗頻度 / ジャンル語数 *1000000」を計算する計算式を入れてください。後は、調べたい語のジャンル別粗頻度を粗頻度の列にはりつければ、pmw が自動計算されます。「てもらう」の結果は図 8-4-5 のとおりです。

ジャンル	粗頻度	ジャンル語数	pmw
0 総記	339	1,192,037	284.39
1 哲学	581	2,722,802	213.38
2 歴史	850	4,664,322	182.23
3 社会科学	2638	10,499,413	251.25
4 自然科学	831	3,529,089	235.47
5 技術・工学	765	3,192,535	239.62
6 産業	551	1,717,636	320.79
7 芸術・美術	903	3,340,100	270.35
8 言語	181	803,081	225.38
9 文学	5732	17,548,951	**326.63**
分類なし	545	1,926,304	282.93

図8-4-5 | ジャンルごとのpmwの計算結果

　これを見ると、確かに＜9　文学＞が一番多いとわかるのですが、＜6　産業＞との差はわずかです。ジャンルではそこまで大きな差はみられないようです。＜2　歴史＞では少し少ないと言えるかもしれません。少なくとも、粗頻度をだけを見て「文学に圧倒的に多く、ついで社会科学に多い」と記述したとしたら、全くのデタラメになってしまうということがわかります。

章 末 問 題

　副詞を何か1つ選びましょう。次に、「短単位検索モード」でその副詞を検索し、ダウンロードします。続いて、中納言の検索画面から「語数について」をクリックし、短単位の語数 Excel データをダンロードし、長単位の時と同じように、レジスターとジャンルについて pmw の計算機を作りましょう。最後に、調べた副詞の値を貼り付け、どのレジスターやジャンルに多いかを確認しましょう。

　授業で行う場合は調べた結果についてミニ発表会をするのもよいでしょう。

第 3 部

研究してみよう

第9章

初級文法項目のコロストラクション研究
「てある」を例に

1 文法項目と実質語のコロケーションとは

　第3部では実際の研究をもとに、コーパスを使ってどのように研究を進めていくのかを解説します。

　この章では、筆者が「中納言」を用いて行った研究の中でも最も初期のものである中俣（2014）『日本語教育のための文法コロケーションハンドブック』の中から、「てある」の記述の過程を紹介します。

　『日本語教育のための文法コロケーションハンドブック』は「てみる」「なければならない」など、日本語教育で初級文法項目と呼ばれる機能語について、それにどんな動詞・形容詞・名詞が前接することが多いのかを記述した解説書です。コロケーションとは第4章で解説した通り、一文の中でよく共に用いられる語と語の組み合わせのことです。通常は、名詞＋動詞や形容詞＋名詞のコロケーションがよく議論されますが、筆者はこの概念を文法項目とそれに前接する実質語の関係にまで拡張し、「文法コロケーション」と呼びました[vi]。

　英語の研究でも似たような取り組みがあり、Stefanovitsch & Gries（2003）は構文（Construction）のスロットに当てはまるコロケーションの研究ということ

[vi]──野田（2007）もコロケーションには様々なレベルがあることを示しています。

で、コロストラクション (Collostruction) と呼んでいます。英語の構文はかなり抽象度が高いのですが、日本語では「てあげる」「かもしれない」のようにそれが具体的な語の連続で表現されることが多いため、中俣 (2014) は日本語版のコロストラクション研究に相当します。

さて、筆者が文法項目と実質語のコロケーションに注目したのは1つのきっかけがあります。森篤嗣・庵功雄 (編)『日本語教育文法のための多様なアプローチ』に収められている中俣 (2011) という論文です。この論文の中で、筆者は「てある」と「ておく」を扱ったのですが、それまで、特にこの分野の研究などはしたことがなかったため、取り急ぎ、コーパスでデータを集めるところから始めました。上記の論文を書いた2010年の時点では、まだ中納言が完成していなかったため、モニター版のデータを「ひまわり」というソフトで検索しました。

この時点では何の仮説も持っていなかったのですが、検索結果を並べ替えて眺めた時にある事実に気づきました。ある動詞が異常に多かったのです。そもそも文法項目の前の動詞の出現数に偏りがあるということさえ意識していなかったので、これは新鮮な驚きでした。余談ですが、このように、仮説を前もって立てずにデータを虚心坦懐に眺める研究手法をコーパス駆動型研究 (Corpus Driven Study) といいます。対して、仮説を立て、それが正しいかをコーパスで確認するような研究手法をコーパス基盤型研究 (Corpus Based Study) と言います。この2つは研究の両輪にたとえられますが (石川 2012)、筆者の研究はコーパス駆動型に当てはまることが多いです。では、次節では筆者が驚いた「てある」の前接語を分析してみましょう。

2　「てある」の前接動詞

中納言で、「てある」の前の動詞を調べるにはどうしたらよいでしょうか？この場合、中心語が「てある」ですので、「てある」をキーにしてはいけません。調べたい場所をキーにするのがコロケーション検索のコツでした。**長単位検索モード**を使います。

キー　品詞　が　動詞
後方共起 1　語彙素　が　[てある]

　この結果をダウンロードし、Excel ファイルからピボットテーブルを作ります。値に「キー」を、行に「語彙素」を入れ、並べ替えを行うと、「てある」前接動詞の共起リストが作れます。上位 10 語を表 9-2-1 に示しました。第 6 章第 2 節で紹介した方法を使い、実数と割合を表示しています。

表9－2－1 | 「てある」に前接する動詞 [vii]

	前接動詞	実数	割合
1	書く	4487	30.8%
2	置く	1501	10.3%
3	する	728	5.0%
4	張る	406	2.8%
5	飾る	216	1.5%
6	掛ける	185	1.3%
7	入れる	176	1.2%
8	取る	155	1.1%
9	止める	149	1.0%
10	掻く	148	1.0%

　「書く」は 30.8% と非常に多いという事がわかります。そもそも 1 つの動詞が全体の 3 割を占めるなどということは稀ですし、それが、「する」や「な

[vii] この数値は中俣（2014）とは異なります。中俣（2014）はこのページに書いた条件に加え、助動詞を1つ挟んだ条件でも検索し、合算しているからです。「記<u>さ</u>れてある」のようなものです。

る」のような抽象度の高い動詞ではなく、「書く」というやや具体的な動詞であるというのは他にほとんど例がありません。これほど偏っていたからこそ、筆者が文法項目のコロケーションに注目できたとも言えるでしょう。なお、BCCWJではこの程度の数字ですが、話し言葉ではさらに「書く」の割合が高いこともわかっています（中俣2011）[viii]。

　さて、このような数字を見るだけでなく、実際の用例を見ることも大切です。まず、10位の「掻いてある」はおかしいなと気づくことが重要です。この例を確かめてみると、(1)のようなものが多いということがわかります。

(1)　いま、目の前にあるよろいの頭のところは、その小説のさしえにかいてあった鉄仮面とそっくりではありませんか。（PB59_00011_5940）

　つまり、本当は「書いてある」のものが、平仮名で「かいてある」となっているために誤解析されて、引っ掻く方の「掻く」と誤解析された例だということです。その証拠に、語彙素「掻く」の例はすべてが平仮名書きでした。つまり、10位「掻く」の数値は1位「書く」の数値に合算するべきものであるということです。

　では、1位の「書く」はどのように使われているのでしょうか。ピボットテーブルをダブルクリックして例を表示し、色々と並べ替えてみましょう。もちろん、前文脈を右寄せするなど、見やすくする作業を行ってください。前文脈に注目するとどうやら、「書く」の前の格助詞には偏りがありそうです。偏りを見えやすくするためには、一番右側の列の「反転前文脈」の列でソートをかけ、またキーのところに戻ってくるとよいです。

　「が」「と」「に」の3つの助詞が前に出現する数が多そうです。これについては、前文脈にフィルタをかけ、「|が|」で終わる例、「|と|」で終わる例、「|に|」で終わる例をそれぞれ抽出すると数がわかります。まとめると、表9

---

viii——一般に、話し言葉の語彙は書き言葉の語彙と比較して小さく、特定の表現を繰り返し
　　使う傾向にあります。

-2-2のようになります。

表9−2−2｜「書いてある」の直前の格助詞

	実数	割合
〜が書いてある	677	14.0%
〜と書いてある	1,224	27.3%
〜に書いてある	898	20.0%

それぞれの例を挙げてみましょう。

 ⑵ 『アルド・ロッシ自伝』の中に、次のような言葉が書いてあった。
（PB25_00074_29510）

 ⑶ ライブのチケットにドリンク別と書いてあった場合、会場に入る時に必ずドリンク代払わなければいけないのですか？（OC01_08119_160）

 ⑷ 「新品の半額」と質問に書いてあるので、手作りではないですよね。
（OC14_07601_3620）

　これを見ると、「〜が書いてある」「〜と書いてある」の例でも、その前にニ格が表示されていますし、「〜に書いてある」の例でも、その前にト格が表示されています。つまり、傾向としては、「〜に〜が書いてある」「〜に〜と書いてある」の組み合わせが多いことがあります。「〈内容〉{が／と}〈場所〉に書いてある」というパターンで、⑵のように内容を別の単語で言い換える場合には「が」が、そのまま引用する場合は「と」が選ばれるとうことです。

　さらに、「に」を伴う例が多いことから、「〜てある」は基本的には陳（2009）のいうように「存在表現」の一種であるということもわかります。

　なお、日本語では語順が変化するので、表9-2-2は「書いてある」が「に」

を伴う例をすべて調べたことにはなりません。これを調べるためには、前文脈をテキストエディタで加工し、一文だけを取り出します。その後、改めて「に」をフィルターで抽出すればよいのです。ただし、デフォルトの前後文脈の語数だと少し短いので、ここで前後文脈の語数を 50 語に変えて検索をやり直し、もう一度調べた結果が表 9-2-3 です。正規表現で一文だけにする処理を行うと、前文脈が「と |」となる例も出てきます。これは「| と |」には合致しません。かといって、「と |」で抽出してしまうと、| あと | のような語が引っかかる可能性があります。そこで、前文脈に対して、**「と |」で終わる例**、または、**「| と |」を含む例**の 2 つの条件で抽出を行いました。データをよく見て条件を考えることが肝要です。

表9-2-3｜「書いてある」の前文脈に含まれる助詞

	実数	割合
が	1,701	37.9%
と	2,273	50.7%
に	2,790	62.2%

「が」と「と」を合わせると 88.6% にも上ります。一方で、62.2% の「てある」が「に」を伴います。このデータは「書いてある」も存在表現の一種としてみることができることを意味しています。

3　「てある」の前接動詞の種類と「てある」の用法

前節では、1 位の「書いてある」にのみ注目しましたが、ここでは他の動詞についても考えてみましょう。

表9－3－1 | 「てある」に前接する動詞

	前接動詞	実数	割合
1	書く	4487	30.8%
2	置く	1501	10.3%
3	する	728	5.0%
4	張る	406	2.8%
5	飾る	216	1.5%
6	掛ける	185	1.3%
7	入れる	176	1.2%
8	取る	155	1.1%
9	止める	149	1.0%
10	搔く	148	1.0%

　「てある」については以下の2種類が存在することが益岡（1987）をはじめ、いろいろな研究者によって指摘されています[ix]。

　　　存在描写型　対象ガ　～テアル　（動作主が抑制される）
　　　有効性保持型　動作主ガ　対象ヲ　～テアル

　存在描写型は「メモに文字が書いてある」のようなもので、存在表現の一種と呼ぶべきものです。動作主が抑制されるので、「*先生がメモに文字が書いてある」とは言えません。一方、有効性保持型は「(私が)飲み物は買ってある」のようなもので、過去に行った動作が今でもその効力を持っていることを表し、「準備が完了している」というような意味を持ちます。

[ix]　益岡（1987）ではA型B型と呼ばれていますが、わかりやすいように名称をつけました。また、それ以下の下位分類については省略しました。

さて、このことを踏まえた上で、表9-3-1を見てください。これらの動詞は存在描写型と有効性保持型のどちらで使われやすいでしょうか。もちろん、実際には文脈を操作すれば、どの動詞も存在描写型、有効性保持型の文を作れます。しかし、典型的には存在描写型は「モノが〜してある」、有効性保持型は「人がモノを〜してある」という形になります。表9-3-1はどちらのパターンの文が作りやすいでしょうか。

　3位の「する」、8位の「取る」[x] を除くと、「床に巨大なスピーカーが置いてある」「壁にカレンダーがはってある」「花が飾ってある」「絵が掛けてある」のように、「モノが〜てある」というタイプが作りやすいような気がします。もちろん、これはただの思いつきで仮説ですから、用例を見て調べる必要があります。中俣（2014）でランダムピックアップを使って調べたところ、図9-3-2のような割合になりました。また、有効性保持型になりやすい動詞としては、「してある」（3位）、「取ってある」（8位）のほかには「言ってある」（13位）、用意してある（34位）が目立つ程度と言えます。

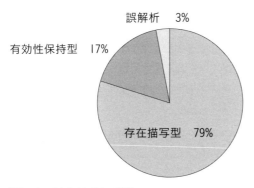

図9－3－2｜「てある」の用法

　ここで調べたことを振り返ると、まず頻度表を作り、表9-3-1を見て、存在表現に使う存在描写型が多いのではないかと仮説を立てるまでがコーパス駆

---

x──「当時の写真を記念としてとってある」のように、大切なものを保存しているという文脈で使うことが多く、その他の例も主に有効性保持型で使われます。

動型研究になります。その後、例をランダムピックアップし、図9-3-2の結果を得る部分がコーパス依拠型研究になります。実際のコーパス研究にはこのように両方の特性が存在します。また、非常に重要なのは、そもそも「てある」には2タイプがあるということを知っていなければ、表9-3-1は分析者には何も語りかけてこないということです。いくらコーパスやツールが発達しても、文法について考えることがなければ、表9-3-1はただの10個の動詞の羅列にすぎません。一方、文法についての知識を持っていれば、表9-3-1は日本語教育に重要な示唆を与える声となります。

　筆者はこの表を見た瞬間、「てある」の授業で何も考えずに「パーティーの準備」のタスクをしていた過去を反省しました。それと同時に、もっと早く知りたかったとも思い、それがハンドブックを作る原動力となりました。パーティー準備のタスクということは基本的には有効性保持型なのですが、その用法は全体の1/6に過ぎなかったからです。「書いてある」のインプットは圧倒的に多く、存在表現の一種として、これが理解できることのほうが重要なのです。「提出期限があります」と「提出期限が書いてあります」では伝達内容が異なり、具体的な文字を指す場合には「書いてあります」でなければならないのです。

　さらに、その後の研究でわかったことを付け加えると、「てある」の前に接続する動詞の種類は、他の文法項目と比較しても限られています（中俣 2015b）。このような項目は、色々な動詞と組み合わせてドリル練習をしても、コロケーションとしておかしな文になることが多いです。

4　「てある」の後ろの形

　ここまでは、「てある」の直前にどのような語が多いかを見てきましたが、「てある」の後はどのようになっているのでしょうか。まずは、フィルターをかけ、後文脈で並べ替えを行います。そうすると、「てあった」や「てある＋名詞」などの形が多いことがわかります。あたりをつけたら、フィルターで抽出します。例えば、「あっ）| た |。」で抽出すると、「てあった。」というタ

形の言い切りの形になっている文がいくつあるかがわかります[xi]。1,012例で全体の6.9%にあたります。しかし、実は「てある。」というル形の言い切りで終わる文は2,132例で全体の14.6%です。かなり、「てある」で終わる形が多いのです。では、後ろが名詞になっている、つまり「てある」が連体修飾の形で使われるケースはどれほどあるのでしょうか。これを調べるにはインラインタグ（第7章3節）を使う必要がありますが、中俣（2014）執筆当時はインラインタグが実装されていなかったので、以下の方法で別途検索を行いました。もちろん、現在でもこの方法で調べることができますし、こちらの方が早く結果がわかります。

　　　キー：品詞が動詞
　　　後方共起1：キーから1語　語彙素が　てある
　　　後方共起2：キーから2後　品詞が名詞

　結果は2,808件で「てある」全体の19.3%に相当します。
　また、この結果をダウンロードすると、「VてあるN」という構造でどのようなVが多いかがわかります。また、後方共起2のところで　この条件をキーに　のボタンをクリックして検索し、ダウンロードを行うと、「VてあるN」という構造でどのようなNが多いかがわかります。Vについては、「てある」全体を見た表9-3-1とほとんど変化はありませんでした。一方、Nについては表9-4-1のようになりました。上位はほとんどが抽象名詞でした。特徴的なのは「通り」であり、これは「～書いてある通りに～」というコロケーションで使われています。
　ただし、上位が抽象名詞だからといって、「てある＋名詞」パターンが少ないとは言い切れません。上位の10語を合わせても800例程度であり、残り2,000例ほどは様々な名詞が使われています。1度しか登場しない名詞が1,000例以上もあり、ここから傾向を記述することはできません。このよう

[xi] ここで、「て」を抽出条件に含めないのは、「積んであった」のような異形態が存在するからです。

なこともよくあります。「～てある」は連体修飾に使われることも多いが、そのパターンは様々であるとまとめられるでしょう。

表9－4－1｜「VてあるN」のNの頻度

名詞	頻度
事	180
訳	156
物	153
所	93
筈	63
通り	54
場合	53
程度	37
サイト	37
為	34

章 末 問 題

1　「てある」はどのレジスターに多く使われているか調べてみましょう。また、一番多
いレジスターでは、どのような話の流れの中で使われているでしょうか。後文脈で並
べ替えを行い、考えてみてください。

2　「てある」は「出版・書籍」「図書館・書籍」「特定目的・ベストセラー」の中でどの
ジャンルに多く使われているか調べてみましょう。また、一番多いジャンルでは、ど
のような話の流れの中で使われているでしょうか。後文脈で並べ替えを行い、考えて
みてください。

第10章

中上級文法項目のコロストラクション研究
「〜としても」と「〜にしても」を例に

1　「〜としても」と「〜にしても」

　前章では1つの語のみを取り上げましたが、この章では2つの類義表現にどのような違いがあるのかを調べるタイプの研究を紹介します。題材としては、『文法コロケーションハンドブック』の続編にあたる中俣（編）（2017）『コーパスから始まる例文作り』より「〜としても」と「〜にしても」を取り上げます。

　どちらも、逆接条件を表す表現です。また、日本語能力試験旧出題基準では2級に該当するとされています。文法書の記述も見てみると、グループ・ジャマシイ（1998）では「としても」の意味を「「XとしてもY」の形で、「仮にXが事実であっても／成立していてもYの成立や阻止には有効に働かない」という意味を表す。」（p.339）としており、「にしても」の意味を「…で述べられているような事態であることを仮に認めた場合でも」（p.440）としています。どちらも「仮に」という言葉が使われ、仮定性がキーであると読み取れますが、違いははっきりわかりません。また、日本語記述文法研究会（2008）でも「としても」と「にしても」は1つの項目にまとめられています。単に前の助詞に2つのバリエーションがあるだけで、意味は大きく異ならないのでしょ

うか。コーパスを使って検証してみましょう。

　まずは検索を行う必要があります。まず、文字列検索で「としても」が長単位でどのように分割されているのかを調べると、困ったことに色々なパターンが出てきます。このような場合があるので、調査を行う前に文字列検索を行うことを推奨します。

　「としても」の分割結果は長単位検索では、①「と｜し｜て｜も」②「として｜も」③「としても」の３パターンがあり、どれも正用が含まれています。ただし、１つの用例は必ず上記のどれかに含まれますから、３回検索し、エクセルファイルをコピーして合体させれば全ての用例を網羅できます。また、短単位検索であれば、上の①のパターンだけになり、こちらを使うこともできます。

　また、コロケーションを調べる際は、「〜にしても」の前の部分をキーにすると良いのですが、今回は逆接条件の「〜としても」を調査したいため、「私としても」「こちらとしても」のような名詞に接続する例は必要ありません。「来るにしても」「難しいにしても」「あったにしても」のように述語に接続するパターンのみがヒットすると有り難いです。「述語」という条件は中納言にはありませんが、別の方法で実現することができます。述語は用言を含み、用言は活用します。名詞は活用しません。そこで、キーの条件を**「活用形」の「大分類」が「終止形」**にすることで、「名詞＋にしても」を排除しつつ、動詞や形容詞、助動詞の例を検索することができます。検索の速度を速めるため、後方共起は複数の条件を設定しています。

◎長単位検索の場合＝①〜③を検索

検索条件①

キー：活用形の大分類が終止形

後方共起１：キーから１語　語彙素が と ＋品詞の小分類が助詞 – 格助詞

後方共起２：キーから２語　語彙素が する ＋書字形出現形が し

後方共起３：キーから３語　語彙素が て ＋品詞の小分類が助詞 – 接続助詞

後方共起４：キーから４語　語彙素が も ＋品詞の小分類が助詞 – 係助詞

検索条件②

キー：活用形の大分類が終止形

後方共起１：キーから１語　語彙素が とし て ＋品詞の小分類が助詞 − 格
助詞

後方共起２：キーから２語　語彙素が も ＋品詞の小分類が助詞 − 係助詞

検索条件③

キー：活用形の大分類が終止形

後方共起１：キーから１語　語彙素が としても ＋品詞の小分類が助詞 −
接続助詞

◎短単位検索の場合

キー：活用形の大分類が終止形

後方共起１：キーから１語　語彙素が と ＋品詞の小分類が助詞 − 格助詞

後方共起２：キーから２語　語彙素が 為る ＋書字形出現形が し

後方共起３：キーから３語　語彙素が て ＋品詞の小分類が助詞 − 接続助
詞

後方共起４：キーから４語　語彙素が も ＋品詞の小分類が助詞 − 係助詞

　同様に、「にしても」についても検索条件を文字列検索を行って確認します。
こちらも長単位では「に | し | て | も」と「にしても」の２つの条件が必要に
なることがわかりました。

◎長単位検索の場合＝①〜②を検索

検索条件①

キー：活用形の大分類が終止形

後方共起１：キーから１語　語彙素が に ＋品詞の小分類が助詞 − 格助詞

後方共起２：キーから２語　語彙素が する ＋書字形出現形が し

後方共起３：キーから３語　語彙素が て ＋品詞の小分類が助詞 − 接続助
詞

後方共起 4：キーから 4 語　語彙素が $\boxed{も}$ ＋品詞の小分類が助詞 − 係助詞

検索条件②

キー：活用形の大分類が終止形

後方共起 1：キーから 1 語　語彙素が $\boxed{にしても}$ ＋品詞の小分類が助詞 −
接続助詞

◎短単位検索の場合

キー：活用形の大分類が終止形

後方共起 1：キーから 1 語　語彙素が $\boxed{に}$ ＋品詞の小分類が助詞 − 格助詞

後方共起 2：キーから 2 語　語彙素が $\boxed{為る}$ ＋書字形出現形が $\boxed{し}$

後方共起 3：キーから 3 語　語彙素が $\boxed{て}$ ＋品詞の小分類が助詞 − 接続助
詞

後方共起 4：キーから 4 語　語彙素が $\boxed{も}$ ＋品詞の小分類が助詞 − 係助詞

　中俣（編）（2017）では長単位検索のデータを用いましたが、以下のデータで
は短単位検索を使ったデータで議論を行います。

2　「～としても」と「～にしても」の前接語

　まず、このような調査を行う際に重要なのは調べた形式が全部で何例あっ
たかを報告することです。「としても」は 6,515 例、「にしても」は 1,530 例
でした[xii]。「としても」のほうがよく使われることがわかります。

　「てある」の場合と異なり、「としても」「にしても」には動詞のル形、タ形
のほか、形容詞やコピュラなども接続します。とはいえ、まずどのパターン
が多いか把握することは重要なので、直前の語を集計してみましょう。その
後、重要そうなところに焦点を当てていけばよいです。

....

[xii]──「としても」には「やろうとしてもできない」のように、意志推量形に接続するものも
あります。しかし、今回の検索条件では直前の語の活用形を終止形に設定しているの
で、このような例はヒットしていません。

表10−2−1 「としても」と「にしても」の前接語の比較

	としても（N=6,515）			にしても（N=1,530）		
1	た	4,677	71.8%	無い	220	14.4%
2	だ	504	7.7%	た	204	13.3%
3	有る	190	2.9%	為る	193	12.6%
4	ない	188	2.9%	ない	155	10.1%
5	居る	154	2.4%	有る	148	9.7%
6	無い	127	2.00%	居る	45	2.9%
7	為る	109	1.7%	行く	28	1.8%
8	良い	56	0.9%	れる	26	1.7%
9	れる	38	0.6%	遣る	23	1.5%
10	成る	33	0.5%	取る	16	1.1%

　まず、目を引くのが「としても」のほとんどが「〜たとしても」という形式で使われていることです。「にしても」も２番目に多くなっており、「〜たとしても」と「〜たにしても」を比較することがまず必要そうです。

　他の特徴はないでしょうか。「としても」では存在動詞である「ある」「いる」が「する」よりも多くなっています。また、漢字表記の語彙素「無い」は形容詞としての「無い」であり、「お金がない」のように非存在を表す文である可能性が高いです。「としても」は意志的な動作とは相性が悪いのかもしれません。

3　前接語をさらに詳しく分析する

　表10-2-1では「た」が非常に多いという結果になりましたが、「た」は機能語ですから、実際にはどのように使われているかはわかりません。そこで、まずは「としても」のピボットテーブルから「た」の語数、4,677と書

かれたセルをダブルクリックして、「たとしても」の用例を抽出してみましょう。そのさらに前にはどのような語が出現しているでしょうか。最終的には前文脈にフィルタをかけて抽出するのですが、あたりをつけるためには、一番右端の「反転前文脈」の列を並び替えると傾向が見えやすくなります。そうすると、「あったとしても」というパターンが多そうだということがわかります。さらに、その前は「〜があったとしても」と「〜であったとしても」の2つのパターンが多いようです。「〜があったとしても」は存在文、「〜であったとしても」は名詞などにコピュラの「である」がついたものです。

　フィルターを使って数を数えると、「| あっ |」で前文脈が終わる例は 711 件で「たとしても」の 15.2％ を占めます。また、そのうち「が | あっ |」で終わる例は 336 件で、「あったとしても」の 43.6％、「で | あっ |」で終わる例は 252 件で、「あったとしても」の 35.4％ ということがわかりました。

　次に、「たにしても」の例も同様に確認してみます。やはり、「あったにしても」が多いようです。63 例で 30.9％ です。しかし、その前の語の様子は異なります。「が | あっ |」で終わる例は 25 件で、「あったにしても」の 39.7％、「で | あっ |」で終わる例は 19 件で、「あったにしても」の 30.2％ ですが、さらに「は | あっ |」で終わる例が 12 件、19.0％ 見られる点が異なります。さっきは気が付かなかったのですが、念のため、「はあったとしても」の数を確認すると 29 件で 4.1％ でした。19.0％ とは大きな開きがあります。

　つまり、コピュラの「である」を除くと、「あったとしても」はほとんどが「〜があったとしても」というパターンになるのに対して、「あったにしても」は「〜はあったにしても」もある程度出現するという差異があります。

4　「が」と「は」の違い：仮定の譲歩と認めの譲歩

　「あったとしても」の直前は「は」が少なく、「あったにしても」の直前は「は」が多いということわかりました。念のため、ル形である「ある」の場合も調査すると、「〜があるとしても」と「〜はあるとしても」では 65 対 14 で「が」が多く、「〜があるにしても」と「〜はあるにしても」では 41 対 70 で「は」が多いという結果になりました。

「としても」で「が」が使われるのはやはり何かを仮定する文脈の中でです。

(1) だって動機がないですよ。百歩譲って<u>何かがあったとしても</u>、あいつは自殺なんかするやつじゃない。 (PB49_00100 16540)

(2) 誰も腕時計をはめていなかったが、<u>時計があったとしても</u>暗くて文字盤は読めなかったであろう。 (LBo9_00190 14440)

(3) たとえ<u>全身がバラバラになったとしても</u>伴に投げ勝つことができたなら、飛雄馬はついに父・一徹を超え、生涯の宿願を達成したことになる。 (PB57_00193 75160)

(1)は話し手は実際には動機が「ない」と考えています。それでも、仮定として動機があったとしても、というように話を続けており、「何かがある」というのは仮定です。(2)も、実際には時計はなく、「時計があったとしても」は反事実条件文にあたります。(3)は極端なことを例に挙げて主張を強める用法で、もちろん実際には飛雄馬の全身はバラバラになってなどいません。

　いずれも「事実ではないが、仮にそのことを認めたとしても」という譲歩の構文になっています。

　一方、「にしても」ではむしろその内容を認めるような文が目立ちます。

(4) 両社の間に（時代による<u>変容はあったにしても</u>）歴史的な連続はあった。 (PB21_00063　57800)

(5) 日本はいろいろ<u>事件はあるにしても</u>割合に治安のいい安心な国というふうに自負していたわけでございますが (OM55_00003 17550)

(6) 私は先生が怖くて、先生の顔色をうかがっていました。勉強よりも先生にどう思われるかだけに集中していたのです。本人に<u>原因があったにしても</u>、「家の中でも自信をつけてあげてください」「元気づけてください」と指導するのが、先生の役割だったのではないでしょうか。 (PM42_00016 27260)

(4)は時代による変容があったことを事実として認めたうえで、歴史的な連

続があったことを主張しており、(5) は事実として小さな事件はあるが、全体としては治安が良いと主張しています。つまり、「にしても」は「小さな問題はあるが、全体としては以下のように主張して差し支えない」という構文であり、小さな問題と主張を対比させるために「は」が使われているのです。「～にしても」の前の部分をいったん認めるのは、「は」を用いない文でも同様で、(6) では本人にも原因はあったことは認めつつも、先生の問題点を指摘しています。

　まとめると、「X としても Y」は「仮に X という実際とは異なる想定をしても、Y に変わりはない」という方法で主張を強める構文と言えます。一方、「X にしても Y」は「X という小さな問題はあることは認めても、Y に変わりはない」という方法で主張を強める構文です。どちらも譲歩ですが、何を譲るかが大きく異なっています。また、X が事実であるか否かという大きな違いがあります。

　例えば、実際には起こらないような極端なことを例にする場合は、「としても」でなければならず、認めてしまう「にしても」は使えません。

(7)　全身がバラバラになった {○としても／×にしても}、あいつに勝ちたい。

(8)　太陽が西からのぼった {○としても／×にしても}、そんなことはありえない。

「としても」と「にしても」の違いは、例えば、(7) や (8) の例を思いつくことができれば、非常に綺麗に説明することができます。しかしながら、思いつかなかった場合は、どうしようもありません。コーパスはこのような時の助けになります。

　まず、「としても」「にしても」からいきなり文を作るのは大変ですし、傾向も見えにくくなります。しかし、多いコロケーションを調べ、「あったとしても」「あったにしても」の単位で考えるとより具体的な例文を考えやすくなります。さらに、「～があったとしても」と「～はあったにしても」の偏りを発見できれば、そこには何か機能の差があるのではないか、という推測が立

ちます。実際には「は」は対比であり、「にしても」は前件と後件の両方を認めつつも、後件を主張するという形で使われていたのです。

　そして、色々な使われ方を眺めることで、前件があくまでも仮定にすぎないのか、いったん認めているかという本質的な違いに気づくことができれば、(7) や (8) のようなポイントを押さえた例文も作ることができます。

・・・

章 末 問 題

1　「だけに」と「だけあって」は意味としてはよく似ているように思われますが、実際の使われ方は異なります。コーパスを使って、様々な角度から分析してみましょう。

2　日本語教育の現場で使われている教材や参考書から類義表現を調べてみましょう。そして、その違いを BCCWJ を使って確認してみましょう。

第11章

学生の卒業研究から
形容詞＋「思う」と形容詞＋「感じる」

1　検索の条件

　ここまでは筆者自らが過去に行った研究を紹介しました。この章では、より身近な例として、学生の卒業研究の中から、中納言を利用した研究を紹介します[xiii]。

　この学生は「思う」と「感じる」の違いについて興味を持ちました。例えば、授業の後のコメントシートでは「興味深いと感じました」とも「興味深いと思いました」とも書くことができます。しかし、そこには微妙な違いがあるのではないかとも感じていました。

　その後、コーパスの授業で NINJAL-LWP for BCCWJ（NLB）を利用し、両語の違いについて発表したのですが、実は NLB では「興味深く感じました」「興味深く思いました」のように、形容詞の連用形＋「思う」のような形（以下、これを「～く思う」と表記します。）は調べられるのですが、「形容詞の終止形＋「と思う」という形（以下、これを「～いと思う」と表記します。）は調べられなかっ

[xiii]──本章の内容は河村壽々奈さんの平成28年度京都教育大学卒業論文「心理動詞「思う」と「感じる」の比較研究─形容詞接続の観点から─」に依拠しています。紹介の許諾をくださったことに感謝いたします。なお、議論を正確にするため、調査は中俣がもう一度やりなおしています。

たのです。そこで、卒業研究では中納言を利用して、調査を続けることにしました。

「〜いと思う」と「〜く思う」の違い、つまり接続の形が異なれば、そこに何か差異があるのではないかという仮説から、以下の4つのパターンを調べて、比較することにしました。利用したのは中納言の**短単位検索モード**です。検索条件は下記の通りです。「**感じる**」の語彙素が「**感ずる**」であることは文字列検索を使って確認します。

◎「〜く感じる」
キー：品詞の大分類が形容詞＋活用形の大分類が連用形
後方共起1：キーから1語　語彙素が 感ずる

◎「〜く思う」
キー：品詞の大分類が形容詞＋活用形の大分類が連用形
後方共起1：キーから1語　語彙素が 思う

◎「〜いと感じる」
キー：品詞の大分類が形容詞＋活用形の大分類が終止形
後方共起1：キーから1語　語彙素が て ＋品詞の小分類が助詞－格助詞
後方共起2：キーから2語　語彙素が 感ずる

◎「〜いと思う」
キー：品詞の大分類が形容詞＋活用形の大分類が終止形
後方共起1：キーから1語　語彙素が て ＋品詞の小分類が助詞－格助詞
後方共起2：キーから2語　語彙素が 思う

2　各形式の検索結果

1.の条件で検索した結果は、表11-2-1のようにまとめられます。

表11−2−1│形容詞＋「感じる」「思う」の粗頻度

〜く感じる：1,710件	〜く思う：1,865件
〜いと感じる：612件	〜いと思う：21,715件

　この単純な集計からも、面白いことがわかります。形容詞に接続する場合、「感じる」は連用形に接続し「〜く感じる」というパターンが多いのに対して、「思う」は圧倒的に「〜と思う」というパターンが多いのです。これは「感じる」「思う」の違いの一側面を反映しているに違いありません。

　表11-2-1は上の行と下の行を比較するのはよいのですが、左の列と右の列を比較して、「〜く」は同じぐらいの件数だが、「〜いと」は数字が大きく異なるという議論を行うことはできません。なぜだかわかりますか？「感じる」と「思う」の母数が違うからです。「思う」は「感じる」よりもはるかに頻度が高いため、そのまま比較するわけにはいかないのです。このような時は、「思う」「感じる」の頻度そのものも調査し、そこから調整頻度を割り出すと比較可能になります。語彙素で検索したところ、「感ずる」は28,494件、「思う」は220,981件でした。これをもとに割合を％で算出すると表11-2-2のようになります。

表11−2−2│形容詞＋「感じる」「思う」の調整頻度

〜く感じる：1,710件／28,494件 6.00％	〜く思う：1,865件／220,981件 0.84％
〜いと感じる：612件／28,494件 2.15％	〜いと思う：21,715件／220,981件 9.83％

　％の数字は上下左右を比較することができます。「〜く思う」は「思う」全体からすればわずかしか使われてないことがわかります。一方で、「〜いと思う」は「思う」全体のおよそ10％を占め、よく使われる表現と言えるでしょう。「感じる」はやはり「〜く感じる」のほうがよく使われ、「〜いと感じる」は比較的頻度が低い表現と言えます。

3 接続する形容詞の種類

　では、次はダウンロードしたデータからピボットテーブルを作り、それぞれの形でどんな形容詞が多いのかを確認してみましょう。

表11−3−1｜「感じる」に前接する形容詞

「〜く感じる」			「〜いと感じる」		
形容詞	粗頻度	割合	形容詞	粗頻度	割合
強い	280	16.4%	無い	93	15.2%
長い	104	6.1%	良い	33	5.4%
美味しい	80	4.7%	美味しい	30	4.9%
重い	55	3.2%	多い	30	4.9%
冷たい	38	2.2%	可笑しい	28	4.6%
深い	37	2.2%	面白い	23	3.8%
無い	34	2.0%	美しい	22	3.6%
広い	33	1.9%	悪い	18	3.0%
寒い	33	1.9%	怖い	18	3.0%
嬉しい	32	1.9%	難しい	18	3.0%
大きい	31	1.8%	高い	16	2.6%
良い	26	1.5%	楽しい	13	2.1%
心地良い	26	1.5%	痛い	10	1.6%
軽い	24	1.4%	辛い	10	1.6%
早い	23	1.4%	旨い	9	1.5%

表11−3−2｜「思う」に前接する形容詞

「〜く思う」			「〜いと思う」		
形容詞	粗頻度	割合	形容詞	粗頻度	割合
嬉しい	236	12.7%	良い	8,099	37.3%
無い	123	6.6%	無い	6,419	29.6%
強い	121	6.5%	欲しい	1,062	4.9%
有り難い	94	5.0%	多い	761	3.5%
快い	75	4.0%	可笑しい	355	1.6%
悪い	73	3.9%	難しい	350	1.6%
羨ましい	69	3.7%	面白い	334	1.5%
懐かしい	59	3.2%	高い	252	1.2%
好ましい	44	2.4%	悪い	243	1.1%
恥ずかしい	42	2.3%	大きい	193	0.9%
可愛い	40	2.2%	少ない	182	0.8%
苦々しい	36	1.9%	正しい	174	0.8%
楽しい	35	1.9%	可愛い	170	0.8%
訝しい	34	1.8%	美味しい	161	0.7%
良い	32	1.7%	凄い	156	0.7%

　では、2つの表を比較してみましょう。まず、気がつくのは、左側、「〜く感じる」と「〜く思う」の前接語の傾向がずいぶんと異なるということです。共通しているのは「強い」「嬉しい」「良い」ぐらいでしょうか。このうち、「強い」は（1）のように「思う」「感じる」の程度を表す程度副詞的な使われ方なので、これ以降の考察の対象外とします。では共通点以外に目を向けるとどんな違いがあるのでしょうか。

(1)　二度と戦争はしてはいけないと<u>強く思った</u>。　　（PN5i_00009 8580）

　この謎を解くには文法、形容詞に関する知識が必要になります。日本語の
形容詞には「感情形容詞」「属性形容詞」という区分があることが知られてい
ます。簡単に言えば、前者は人間の感情にかかわる形容詞です。よく言及さ
れる区別としては、現在形で文を作った時、「*太郎は嬉しい」のように感情
形容詞の場合は三人称を主語に取れないのに対して、「太郎は背が高い」のよ
うに属性形容詞の場合は人称の制限はありません。
　この区別を念頭に置くと、多少の例外はありますが、「〜く感じる」は属性
形容詞が多く、「〜く思う」は感情形容詞が多いように見えます。両者の区別
については、村上（2017）がさらに綿密な議論を展開し、感情形容詞A、Bと
属性形容詞C、Dに分類しています。この分類を付与してみました。

表11-3-3　感情形容詞と属性形容詞の区別

〜く感じる	〜いと感じる	〜く思う	〜いと思う
強い	無い　D	嬉しいA	良い　　D
長い　D	良い　　D	無いD	無い　　D
美味しい　C	美味しい　C	強い	欲しい　A
重い　B	多い　　D	有り難い　B	多い　　D
冷たい　B	可笑しい　B	快い　　D	可笑しい　B
深い　D	面白い　C	悪い　　D	難しい　D
無い　D	美しい　D	羨ましい　A	面白い　C
広い　D	悪い　　D	懐かしい　A	高い　　D
寒い　B	怖い　B	好ましい　D	悪い　　D
嬉しい　A	難しい　D	恥ずかしい　A	大きい　D
大きい　D	高い　D	可愛い　D	少ない　D

良い　D	楽しい　B	苦々しい　A	正しい　D
心地良い　A	痛い　B	楽しい　B	可愛い　D
軽い　B	辛い　B	訝しい　A	美味しい　C
早い　D	旨い　C	良い　D	凄い　D

便宜的にA～Dの記号を集計すると表11-3-4になります。

表11-3-4　形容詞の種類の集計

	A	B	C	D
～く感じる	2	4	1	7
～いと感じる	0	5	3	7
～く思う	6	2	0	6
～いと思う	1	1	2	11

　まず、どの形もDが多いのですが、Dは感情を表さない典型的な属性形容詞です。村上（2017）の調査によれば、BCCWJにおける形容詞は異なり語数の76.7%、延べ語数の87.4%がDタイプであるため、これは大きな特徴とは言えません。一見、「～いと思う」がDに大きく偏っているように見えますが、全体からすればむしろこれが普通です。むしろ、他の3つの形の方が特徴を持っているのです。

　まず、「～く思う」はAタイプが多いことがわかります。Aタイプは、感情を表すのに特化した形容詞で、「*嬉しそうな知らせ」のようには言えません。つまり、「～く思う」は純粋に感情を表す際によく用いられると言えるでしょう。

　「～く感じる」と「～いと感じる」はBタイプとCタイプが多いと言えそうです。Bタイプは感情形容詞であるけれど、対象の属性を表すこともある形容詞です。例えば、「重い荷物」といった時には対象の属性を表しますが、

一方でその荷物を持った時の「うわっ、重っ！」というのは個人の感覚です。Cタイプも同様で、「面白い本」といった時は対象の属性を表しますが、「面白く聞かせて頂きました」は個人の内面です。これらを考えると、「感じる」は「対象が持つある属性を、自分の感覚として受けとめる」際に使われるとまとめられるのではないでしょうか。「感じる」には基本的に何らかの対象が必要であるため、純粋な感情表現とはあまり共起しないのです。もちろん、「嬉しく感じる」というような用例は32例見られ、全く不可能な表現ではありません。しかし、「私は嬉しく思った」というの表現が自分の感情をストレートに述べているのに対して、「私は嬉しく感じた」には何かストレートではないものを感じます。それは嬉しいという感情を「知覚対象」として見るというプロセスを挟んでいるからかもしれません。ちなみに卒業論文を書いた学生は「思う」は感情を主観的に表すのに対して、「感じる」は客観性が混ざるというように表現しました。

　なお、今回は便宜上上位15語のみを対象にしましたが、本格的に研究を行うためにはA〜Dの分類を付与した形容詞のリストを用意して各語を集計すればより詳細な結果を得ることが出来ます。

4　後ろの形

　前の節では「感じる」「思う」に前接する形容詞を分析しました。この節では後ろの形を見てみたいと思います。「〜く感じる」のExcelファイルを開き、後文脈でフィルタをかけ、並べ替えます。すると、(2)のような「感じられる」のような形が多いことに気がつきました。これは自発の形です。一方で、(3)のような「感じさせる」のような形もあります。そこで、「させる」「られる」が接続する割合を確かめてみました。

　　(2)　ジャンボに乗ってきた直後だけに、飛行機がずいぶん小さく<u>感じられる</u>。
　　　　　　　　　　　　　　　　　　　　　　　　　　　　（LBt9_00256 47070）
　　(3)　彼は、（中略）この決断をよりいっそう恐ろしく<u>感じさせる</u>話し方をする。
　　　　　　　　　　　　　　　　　　　　　　　　　　　　（LBr1_00002 55080）

「られる」「させる」は活用するのでフィルタでの検索には語幹の部分のみを使います。下一段活用の「感じる」には「じ | られ」「じ | させ」、五段活用の「思う」には「わ | れ」「わ | せ」という形を使いました。

また、「思う」には可能形に相当する「思える」という形もあります。(4)のような例は自発を表していると言えますのでこれもカウントします。「**思え**」という形で絞り込みました。

(4) モソモソと<u>味気なく思える</u>御飯を食べてるテーブルの周りに家族がよってきました。　　　　　　　　　　　　　　（PB49_00097 44420）

表11−4−1　「感じる」「思う」の自発形と使役形

	自発形	思える	使役形
〜く感じる	456（26.7%）		43（2.5%）
〜いと感じる	34（5.7%）		5（0.8%）
〜く思う	135（7.2%）	246（13.2%）	7（0.4%）
〜いと思う	952（4.4%）	287（1.3%）	22（0.1%）

　表11-4-1を見ると、「〜く感じる」は「〜く感じられる」という形が26.7%と多く、また、「〜く思う」も「〜く思われる」と「〜く思える」を合計すると20%を超えます。このことから、形容詞連用形で思考動詞に接続する形は「〜と」という引用の助詞をはさむ形よりも「自然とそう感じる」という自発の意味と相性が良いということがわかります。ただし、「感じる」のほうがより自発形の割合は高いと言えます。

　また、「〜させる」も「〜く感じる」は43例とそこまで多いようには見えませんが、比較すると、割合的には他の形式よりも非常に高いということがわかります。

　11.3では「感じる」が対象を必要とするということを述べました。「感じさせる」には(5)のように非情物、つまり人間でないものが主語になって、人

間に何かの感覚を生じさせるという文も多いです。そのため、対象を必要とする「感じる」との相性が良いのだろうと推測されます。

(5) 膨大とも、私に感じられた<u>事務的な手続き</u>が、この一年を短く感じさせてくれたのかもしれません。　　　　　　　　(PB52_00084 2440)

5 「感じる」と「思う」のまとめ

以下、表 11–5–1 に本節でわかったことをまとめます。

表11－5－1　形容詞＋「感じる」、形容詞＋「思う」の違い

	感じる	思う
形容詞の形	「～く感じる」が多い	「～と思う」が多い
形容詞の種類	対象についての個人の感覚を表すものが多い	「～く思う」は感情が多く「～と思う」は属性が多い
自発形	「～く感じる」の時に多い	「～く思う」の時に多い
使役形	一定数見られる	少ない
意味	何らかの対象が持つ属性を、自分の主観として表す	話し手の感情を直接表す

　あまり抽象的にまとめてしまいすぎるのも危険ですが、「感じる」は対象についてのとらえ方を表す表現で、客観性を帯びるというのもあながち間違いではないでしょう。もちろん、今回の調査はあくまでも前接語が形容詞である場合に限ったものであり、「感じる」「思う」の全貌を明らかにしたわけではありません。しかし、限られた範囲の調査からも、両語が似ているようで異なる性質を持っていることが見えてきました。
　また、形容詞の形が連用形であるときにのみ、自発形の割合が増えるという現象は構文文法（Goldberg 1995）の観点からも興味深いものです。「～く」＋

思考・感情動詞+「れる」というパターンが存在しているという可能性を示唆しています。

....

章 末 問 題

1 　本章ではいわゆるイ形容詞を扱いましたが、ナ形容詞（UniDic では形状詞）の場合はどうなっているか調べてみましょう。形状詞の場合はコピュラを挟む場合と挟まない場合がある点にも注意しましょう。「残念に思う」「残念と思う」「残念だと思う」の 3 パターンがあるということです。

2 　意味が似ている動詞の違いをコロケーションや助詞、後続形式の点から分析してみましょう。卒業論文のネタが見つかるかもしれません。

第12章

学生の授業レポートから
類義語の研究

1　「美しい」と「きれいな」の比較

　この章では、学生が実際に授業で行った分析を紹介したいと思います。授業では2つの語の違いを調べて発表する学生が多いです。なお、このような2語の比較を行うときのチェックリストが建石（2018）で示されており、有益です。

　まずは「美しい」と「きれいな」の2語の比較を取り上げます。これは、毎年のように取り上げられる、いわば人気のあるテーマです。ですから、それを本書で紹介してしまうと学生がやることが1つ減ってしまいそうで申し訳ないのですが、どのような点に着眼すればよいかを具体例を通して学ぶのにはよい例ですので、取り上げたいと思います。

　「美しい」には「美しい人」のような名詞修飾用法と「あの人の心は美しい」のような述語用法がありますが、両方を見るのは大変なので、ここでは名詞修飾用法のみをターゲットにします。「美しいN」（Nは名詞）という形で修飾される名詞は何が多いかを、調べてみましょう。どのようにすればよいでしょうか。文字列検索で「美しい人」「きれいな人」を検索し、検索条件を考えてみましょう。ポイントは「きれいな」の語彙素がどうなっているかです。また、キーを名詞の部分にしておくことが必要です。

　今回は、**短単位検索モード**を使い、以下のような条件で検索、ダウンロー

ドしました。

◎「美しい N」
前方共起 1：キーから 1 語　語彙素が 美しい ＋活用形の大分類が連体形
キー：品詞の大分類が名詞

◎「きれいな N」
前方共起 1：キーから 2 語　語彙素が 奇麗
前方共起 2：キーから 1 語　語彙素が だ ＋活用形の大分類が連体形
キー：品詞の大分類が名詞

それぞれ、ピボットテーブルの機能を使い、語彙素を行にして、コロケーションリストを作ります。上位の 20 語を表示したのが表 12-1-1 です。

表12-1-1　「美しい N」「きれいな N」の共起語リスト（数字は頻度）

美しい N （N=4,982）		美しい N		きれいな N （N=3,091）		きれいな N	
物	275	日本	54	人	135	女	33
女性	108	事	47	物	95	状態	30
花	99	景色	40	色	91	町	29
女	79	町	39	花	73	川	28
自然	75	色	39	水	72	形	28
人	73	景観	35	女性	54	ピンク	26
姿	73	言葉	33	顔	50	海	25
顔	72	所	31	所	47	肌	23
娘	70	声	29	方	40	事	23
風景	55	海	27	子	37	娘	22

2語を比較する時は、片方にあって、もう片方にないものを考えるのが基本です。共通する「女性」「花」「人」などは、コロケーション全体の意味も似ているし、考えてもあまり意味がありません。どこが違うでしょうか。「美しい」の表にあって「きれいな」の表にないものはまず、「風景」「景色」「景観」といった、目で見える範囲の全てを指す言葉が目につきます。「自然」も同じ仲間かもしれません。「姿」といった語もありますね。

　一方、「きれいな」の表にあって「美しい」の表にない語は「水」です。他に、「川」もあります。「海」は両方にありますが、「きれいな海」のほうがやや順位は高そうです。

　また、このような時にもう1つの語と入れ替えてみるというのも違いを考えるうえで有効な手法です。「水」で試してみましょう。「きれいな水」というのは不純物を含まない、飲める水という意味になります。一方、「美しい水」というと、それは見た目の美しさを意味していて、「飲用に適する」という意味は持っていないように感じられます。このことは、用例を見ることで確認できます。

　同様に、「美しい」には「美しい日本」というコロケーションがあります。これを「きれいな日本」とするとどうでしょうか。もちろん意味的には可能なのですが、それは「街並みがきれい」とか「ゴミが落ちていない」という意味になると思います。「美しい日本」はおそらく精神的なものも含んでいると思うのですが、それは「きれいな」からは出てきません。

　このあたりから、「きれいな」は「不純物を含んでいない」というような意味が中心になっていると考えられます。「きれいな状態」というのは、散らかっていたものを片付けた後のことを指すことができます。しかし、単に机の上のゴミを片付けただけで、「美しい状態」というのはやや誇張した言い方になると思います。活用形は異なりますが、「きれいに片付ける」は一般的なコロケーションで、単に片付いた後の状態が乱雑でないということですが、「美しく片付ける」はそれ以上の何かを要求する片付け方でしょう。

2　「美しい」の本質

「美しい」についてのもう1つの特徴は「風景」「景色」「景観」などの語が上位にきていたことです。これらの語には特徴があります。それは、いずれも具体的なものを指す言葉でなく、いろいろなものにあふれたある空間、それも、人間の目を通して見たときのその見え方を指す語だということです。「美しい風景」とは「美しい」という属性を帯びた具体的な物を指すのではなく、見た人間が美しいと感じるようなその空間の見えを指しているのです。

私がこの発表を聞いたときに、ある高校の国語教材を思い出しました。東京書籍の『新編国語総合』に収録されている高階秀爾氏の「美しさの発見」という評論文です。この文章では「美しさ」とは一般的に対象そのものが持つ属性であると考えられているが、実はそうではないということが論じられています。キーとなる箇所を以下に引用します。「「美しさ」は、草花や山といった対象にあるのではなく、それを「美しい」と感じる人間の心の方にあると言わなければならないのではないだろうか」とあります。

美しさがものに内在する属性であるという考え方は馴染み深く、途中まではそのように論じられるので、大きな転回を見せるこの主張は、教育実習などを見ていても、なかなか理解しにくいように思われました。特に、「美しい花」や「美しい山」のような例で考えれば、ものの属性として捉えることも可能になってきます（余談ですが、「美しい」は文法的には属性形容詞になります）。

そのような時に、補助教材として、表12-1-1のような表を使い、まずは片方だけにある語に○をつけるような作業をしていくと、「美しい」という感覚が本質的な「もの」に対してのみ使われているのではなく、それを受け取る側の感覚としても使われていることが理解しやすくなると思います。例えば、「美しい言葉」なども、言葉そのものに何か属性があるというより、それ受け取る人間側が問題になってくる例だと言えます。

3　国語教育におけるコーパスの利用可能性

河内（編）（2019）では特に古典分野の授業においてコーパスの利用可能性

が論じられています。しかし、小説や説明的文書など現代文分野においても、BCCWJ の検索結果などは重要な補助教材となります。

　例えば特徴的な表現について、その語のコロケーションを見ることで、作者がどんな効果を持たせようとしているかを推測することができます。中学国語の定番教材、太宰治の「走れメロス」から例を挙げます。クライマックスのシーンには以下のような描写が登場します。

⑴　ああ、陽が沈む。<u>ずんずん沈む</u>。待ってくれ、ゼウスよ。私は生れた時から正直な男であった。正直な男のままにして死なせて下さい。

「ずんずん」はあまりよく用いられるとは言えないオノマトペです。「どんどん」のほうがよく用いられます。両者の違いはどこにあるのでしょうか。まずは語感について話し合うことも重要だと思います。しかし、語感というものはなかなか他人に「こうだよ」と言われても飲み込めないこともあります。そのような時、コーパスのデータが助けになります。

　以下の方法で「ずんずん」「どんどん」の直後に続く動詞を短単位検索モードで調べてみました。「ずんずんと」のような例もあるので、キーから「2語以内」にしています。

　　◎「ずんずん V」
　　前方共起 1：キーから 2 語以内　　語彙素が ずんずん
　　キー：品詞の大分類が動詞
　　◎「どんどん V」
　　前方共起 1：キーから 2 語以内　　語彙素が どんどん
　　キー：品詞の大分類が動詞

表12-3-1 「ずんずんＶ」「どんどんＶ」の共起語リスト（数字は頻度）

ずんずんＶ （N=85）		どんどんＶ （N=3,091）	
歩く	17	為る	602
進む	17	成る	334
為る	5	増える	182
行く	4	出る	72
伸びる	4	進む	70

　表12-3-1を比較すると、特に「ずんずん」は「歩く」「進む」「行く」など「移動」を表す動詞と強く結びついていることがわかります。また、「走る」ではなく「歩く」と共起するということもよく考えると面白いです。単に勢いがあるだけでなく、「一歩一歩」というイメージもあるのではないでしょうか。

　原文に即して考えると、これはもちろん、太陽がじわじわと空を移動していることを表現していると考えられますが、やはりこの時メロスも走っていることも関係がありそうです。メロスも太陽もともに「移動」をしているからこそ、一歩一歩進んでいくことを表す「ずんずん」が使われていると考えられます。

　また、次に紹介するのはある大学院生が行った実践からの紹介です。同じく中学国語の定番教材である魯迅の「故郷」には始まりの場面と終わりの場面で、以下のような対照的な2つの空の描写があります。

　⑵　苫のすき間から外をうかがうと、鉛色の空の下、わびしい村々が、いささかの活気もなく、あちこちに横たわっていた。
　⑶　このとき突然、私の脳裏に不思議な画面が繰り広げられた――紺碧の空に、金色の丸い月が懸かっている。

ここでは、情景の描写を通して主人公の心象を描くことが行われており、読

解のキーポイントの1つとなっています。しかしながら、風景の描写から心を読み取るというのは慣れていない生徒にとってはなかなか困難なことです。特に、「鉛色」「紺碧」がどんな色であるかを説明したり、あるいは実際の色を見せることはあまり理解の役に立たないと思われます。

　なぜなら、大人の読者がこれらの文から心象を読み取れるのは、「鉛色」「紺碧」という語が持つイメージを知っているからであると考えられるからです。そこで、以下の検索条件で「鉛色のN」「紺碧のN」のように直後にどんな名詞が来るかを調べてみました。どちらも短単位検索です。

　　◎「紺碧のN」
　　前方共起1：キーから2語　語彙素が 紺碧
　　前方共起2：キーから1語　語彙素が の
　　キー：品詞の大分類が名詞
　　◎「鉛色のN」
　　前方共起1：キーから2語　語彙素が 鉛色
　　前方共起2：キーから1語　語彙素が の
　　キー：品詞の大分類が名詞

表12－3－2　「紺碧のN」「鉛色のN」の共起語リスト（数字は頻度）

紺碧の（N=45）		鉛色の（N=46）	
海	19	空	15
空	8	雲	4
地中	3	海	4
大空	1	顔	3
ティレニア	1	書類	2

　「紺碧の」と最も共起する語は「海」です。また、「地中」とは「地中海」のことで、ティレニアも地中海の海域の名称です。つまり、非常に美しい、蒼

い海のようなイメージを「紺碧の」は持っているということになります。一方で、「鉛色の」のイメージは「空」「雲」です。「海」「顔」の例は (4) (5)のようなものです。(4) は日本海の曇り空の下の海ですし、(5) は『ハリー・ポッターと炎のゴブレット』の例で悪役ヴォルデモートの描写に使われています。どちらも明るいイメージではないようです。

(4)　日本海の<u>鉛色の</u>海が印象に残る。　　　　　(OY04_03149_ 5730)

(5)　殺戮の犠牲者に周りを徘徊され、恐怖で<u>鉛色の</u>顔をしたヴォルデモートに聞こえないよう、低い声だった…。　　(OB6X_00098_00098)

　ある意味では、表 12-3-2 こそが大人が「紺碧の」「鉛色の」という語を見た時に感じるイメージであるとも言えます。時に「語感」とも言われるこのようなイメージを醸成することは重要なことですが、そのためにはコーパスから得られるコロケーション情報も有益です。

　もう 1 つ、今度は 1 語の意味を考える例を論説文から紹介します。多くの国語総合の教科書で扱われている、山崎正和の「水の東西」という説明的文章には (6) のような一節があります。

(6)　壮大な水の造形がとどろきながら<u>林立</u>しているに私は息をのんだ。

　(6) はヨーロッパのあちこちに、たくさんの噴水がある様子を表した文ですが、ここでは「林立する」という語に注目したいと思います。辞書ではこの語は「(林のように) 並んでいる」(『明鏡国語辞典　第二版』) のように説明されることが多いです。しかし、ただ並んでいるだけでは「林立する」の語が持つイメージを十全に伝えているとは言えません。コーパスで「N が林立する」に当てはまる名詞を調べてみましょう。活用することを考慮し、サ変可能名詞の「林立」の部分までを検索条件にします。

　　キー：品詞の大分類が名詞
　　後方共起 1：キーから 1 語　語彙素が　が　＋品詞の小分類が名詞―格助詞

後方共起2：キーから2語　語彙素が 林立

表12-3-3　「Nが林立する」の共起語リスト（数字は頻度）

N が林立する（N=85）	
ビル	19
住宅	3
アパート	2
工場	2
ホテル	1

　表12-3-3から「林立する」は基本的には高層建築物に対して使われる語であるということがわかります。噴水はこの典型例からは外れます。しかし、筆者は立ち並ぶ噴水から受けた衝撃を伝えるために、あえてビルを形容するのに使われる「林立する」を噴水に対して使っていると考えられます。

　このように、語の持つイメージ、いわゆる「語感」を考える上で、コーパスから得られるコロケーションのデータは非常に重要な役割を果たします[xiv]。

章 末 問 題

1　中学校・高校の教材を1つ選び、重要な語句の使われ方をコーパスで調べてみましょう。語を選ぶのが難しい場合、辞書で調べるために印がついている語句があるので、そこから選ぶと良いでしょう。

2　1で選んだ語について、辞書での記述とコーパスでの検索結果を比較してみましょう。

[xiv]──学習指導要領では小学校第5学年、第6学年で「語感」という語が登場し、以降すべての学年・科目で「語感を磨き語彙を豊かにすること」という目標が掲げられています。

第13章

中納言で検索できる
いろいろなコーパス

　これまで、この本では『現代日本語書き言葉均衡コーパス』（BCCWJ）の活用法について解説してきました。しかし、中納言で検索できるコーパスは図13-0-1のようにたくさんあります。各コーパスは利用申請をすれば使えるようになります。この章では、詳しい使い方までは解説できませんが、各コーパスについて簡単に解説を行います。コーパスを検索する時は、そこに収録されているテキストがどのような性格のものであるかをきちんと理解しておかなければなりません。中納言のコーパス選択画面には各コーパスの性質を解説したページへのリンクが張られています。利用前に必ず読むようにしてください。

【個別検索】ご利用になりたいコーパス名をクリックしてください。

コーパス名		略称	個別検索	まとめて検索	備考
書き言葉	現代日本語書き言葉均衡コーパス	BCCWJ	✓	✓	従来より利用いただいている BCCWJ のデータです（コーパスの紹介ページ）。こちらのページから BCCWJ アノテーションデータをダウンロードできます。
話し言葉	日本語話し言葉コーパス	CSJ	✓	✓	コーパスの紹介ページ
話し言葉	日本語日常会話コーパス	CEJC	✓	✓	コーパスの紹介ページ 有償契約者は関連データを「データ配布」からダウンロードできます。
話し言葉	昭和話し言葉コーパス	SSC		✓	SSC の全データ（音声・転記・形態論情報・メタデータ等）をこちらからダウンロードできます。ダウンロードするには、コーパス追加利用の申請から昭和話し言葉コーパスの新しい規約に同意して利用を申請してください。
話し言葉	名大会話コーパス	NUCC	✓	✓	コーパスの紹介ページ
話し言葉	現日研・職場談話コーパス	CWPC	✓	✓	コーパスの紹介ページ
通時	日本語歴史コーパス	CHJ	✓	✓	コーパスの紹介ページ
通時	昭和・平成書き言葉コーパス	SHC		✓	コーパスの紹介ページ
方言	日本語諸方言コーパス	COJADS	✓		コーパスの紹介ページ 関連データを「データ配布」からダウンロードできます。
日本語学習者	中国語・韓国語母語の日本語学習者縦断コーパス	C-JAS	✓		コーパスの紹介ページ プレインテキストを「データ配布」からダウンロードできます。
日本語学習者	多言語母語の日本語学習者横断コーパス	I-JAS	✓	✓	コーパスの紹介ページ プレインテキスト・作文は「データ配布1」からダウンロードできます。I-JAS 外国語母語副コーパス（I-JAS FOLAS）は「データ配布2」からダウンロードできます。
日本語学習者	北京日本語学習者縦断コーパス	B-JAS	✓	✓	コーパスの紹介ページ

図13-0-1｜中納言コーパス選択画面

1 「日本語話し言葉コーパス」(CSJ)

「日本語話し言葉コーパス」は国立国語研究所・情報通信研究機構・東京工業大学が共同構築したコーパスで 2006 年に第 1 刷が公開されました。Corpus of Spontaneous Japanese を略して CSJ と呼ばれることが多いコーパスです。話し言葉のコーパスですが、最大の特徴は独話である講演がほとんどを占めている点です。もともと、音声認識の研究などを行うために作られたコーパスであり、音声を中納言上で再生することができるため、アクセントやイントネーションなどの研究にも用いることができます。長い会話や独話の音声データからとりあげたい形式の部分を頭出しするのはなかなか大変ですが、中納言はまずは文字で検索してから、大勢の人間がその語句をどのように発音しているかを次々に聞くことができるのです。

収められているデータの種類についてもう少し解説します。講演は大きく学会講演と模擬講演に分かれます。これは「日本語学会」や「日本音声学会」など、実際の学会での口頭発表を録音したものです。発表者は基本的に研究者であり、20〜30 代の男性が多いです。

一方、模擬講演は人材派遣会社を通して一般の人を集め、その人に 3〜4 名を対象に 1 人 3 つのテーマで話してもらったものです。テーマは「私の街」「無人島に 3 つだけものを持っていけるとしたら」「人生で一番楽しかったこと」などです。学会講演と模擬講演の 2 つで全体の 90 ％を占めます。

他に、朗読とよばれるジャンルがありますが、これは 2 冊の本から抽出したテキストを学会講演と模擬講演の参加者の一部に読み上げてもらったものです。また、再朗読は朗読したテキストを文字起こしし、その文字起こしを見ながら本人にもう一度読んでもらったもので、とても人工的な発話になります。これらのデータは音声認識の研究を進める上で必要でした。また、対話（インタビュー）もわずかですが、学会講演・模擬講演の対象者に行っています。しかし、話し言葉の中でもごく一部の種類、それも講演に偏っていることは留意しておかなければなりません。

インターネット上のマニュアルとして国立国語研究所（2006）が公開されています。また、その後解説書として小磯（編）（2015）が出版されました。

2 「日本語日常会話コーパス」(CEJC)

　「日本語日常会話コーパス」は国立国語研究所が構築したコーパスで 2022 年に完全公開されました。Corpus of Everyday Japanese Conversation、略して CEJC と呼ばれます。合計 200 時間の日常会話の話し言葉のコーパスですが、最大の特徴は会話版の均衡コーパスと呼べる性格を有していることです。すなわち、コーパス構築の前にまずは日本人の会話行動調査が行われました (小磯・渡部ほか 2017)。その結果、会話の種類で言えば 67.5% が雑談に分類されること、全体の 38.3% が 1 対 1 の会話であること、時間で言えば 50% 以上の会話が 15 分未満で終了することなどが明らかになりました。

　会話の収集は個人密着法と言って、男女×年齢 5 世代×各 4 人、それぞれ職業などが偏らないよう配慮した 40 人に全方位カメラやマイクなどの撮影機材を 2〜3 か月ほど貸し出し、日常の様々な場面での会話を録音してもらうやり方です。その大量のデータから、先の会話の実態に合うバランスで会話を選び、コーパスに収録しました。

　このコーパスも中納言上で音声を聞くことができます。図 13-2-1 の左の列にある小さな再生ボタンがあるのでこれを押してください。また、映像も記録されており、映像を見ることで誰がどの発言をしたのかがわかりやすくなります。ただし、映像は有償で国立国語研究所に申請し、ハードディスクを郵送してもらう必要があります。

　なお、このコーパスに限らないのですが、会話を扱ったコーパスを検索する時には注意点があります。コーパスの検索結果は図 13-2-1 のようになりますが、# が文の切れ目を表します。しかし、どの文をどの会話参与者が言ったかどうかはわかりません。たとえば、図 13-2-1 には 2 か所「うん」と

| K001_013 ▶ | 75910 | 41420 | 食べよ # ほら # 最近\|そう\|ゆう\|お\|笑い\|見\|ない\|じゃん # うん # で\|も\|最近\|テレビ\|に\|出\|て\|ない\|よ # | 出 | \|て\|(ない)\|な # 何\|やっ\|てん\|の # うん # ほんま\|出\|て\|へん\|よ\|ね # なん\|か\|干さ\|れ\|ちゃっ\|た |

図13-2-1｜『日本語日常会話コーパス』の検索結果

K001_013	41420	IC03_いっくん	出
K001_013	41430	IC03_いっくん	て
K001_013	41440	IC03_いっくん	ない
K001_013	41450	IC03_いっくん	な
K001_013	41460	IC02_佐久	何
K001_013	41470	IC02_佐久	やっ
K001_013	41480	IC02_佐久	てん
K001_013	41490	IC02_佐久	の
K001_013	41500	IC01_萌	うん

図13−2−2｜『日本語日常会話コーパス』の詳細

いう発言があり、実は違う話者の発言なのですが、そのことが検索結果からは読み取れないのです。

　話者の情報は、検索結果の ID の青文字をクリックすると得られます。図13-2-2 を見ると「出てないな」をいっくん、「何やってんの」を佐久、「うん」を萌が発言したことがわかります。いっくん、佐久、萌は話者ラベルとよばれる仮名です。また、図 13-2-2 ではカットしましたが、表のさらに右側にはそれぞれの話者の性別・年齢・出身地といった情報が記載されています。これらのデータはダウンロードしたデータにも含まれています。よって、ある語を検索してデータをダウンロードすれば、その語を男性が良く使っているのか女性が使っているのか、あるいはどの年齢層の話者がよく使っているのかを集計することもできます。

　このように、中納言を使った研究は、コーパス全体の中である語がどのくらい使われるか、どんな属性の人間がよく使うか、どのようなコロケーションが多いかといった、談話の流れとは関係のない情報を得るのには向いています。一方で、図 13-2-2 を見ても談話の流れはわからず、談話の流れに沿ったような情報を得るのには向いていません。談話の構造などの研究をしたい場合は、全文を手に入れてそのファイルを分析したほうがよいです。

　CEJC についての成果を発表する際には、解説ページで指定された文献を引用する必要があります。全体の設計については小磯・天谷ほか（2023）を参照してください。

3 「昭和話し言葉コーパス」(SSC)

「昭和話し言葉コーパス」(SSC) は、1950 年代から 70 年代にかけて国立国語研究所が録音した音声資料をコーパス化したもので、国立国語研究所の『日常会話コーパス』プロジェクトの一環として整備が進められています。2020年に 17 時間分の講演の資料が公開されました。今後は当時の日常会話なども公開され、全 50 時間分のコーパスとなることが予定されています。音声も再生可能です。

同じ現代語の話し言葉でも、21 世紀の言葉とは異なる点も見られます。丸山 (2016) では昭和話し言葉コーパスに見られる特徴的な形式として「まする」「ざんす」などを挙げています。『日本語話し言葉コーパス』の学会講演のコアデータの部分と比較を行うと、表 13-3-1 のようになりました。なお、「まする」の実例を (1) に示します。これは 1955 年 3 月 26 日に開かれた「国立国語研究所新庁舎開き式典」で柳田国男（当時 80 歳）の祝辞の例です。

表13-3-1　「昭和話し言葉コーパス」の「まする」

	昭和話し言葉コーパス	日本語話し言葉コーパス
ます	3,433　(98.88%)	3,803　(100%)
まする	39　(1.12%)	0　(0%)

(1) いずれいいことをするつもりだ国のためになることをするつもりだということは異口同音に申し<u>まする</u>が、どの方向に向かって我々が進まなければならないかということにつきましては残念ながら老人まだはっきりとすることができないんであります。それをどうかして知ってから死のうと存じまして、ま、んー、殊によったら幽霊になって来てもよろしゅうござい<u>まする</u>けれども　　　(54-06_SC 3830)

4 「名大会話コーパス」(NUCC)

「名大会話コーパス」は大曾美恵子氏が2003年に構築したコーパスで、様々な場面の会話が収録されたコーパスです。NUCC という略称が用いられることもあります。自然な話し言葉のコーパスとして広く使われてます。129の会話からなり、合計で100時間に及びます。会話参加者の性別や年齢も様々ですが、日本語教育に関係している人物が多く、女性のデータのほうが多くなっています。

本コーパスの特徴として、文字起こしファイルの全文がダウンロード可能になっており、これを用いて自然言語処理の研究にも活用されています。また、多くの文法の研究にも使われています。ファイルの配布やコーパスの詳しい説明は以下の URL をご覧ください。

https://mmsrv.ninjal.ac.jp/nucc/

また、参照すべき文献として、藤村ほか (2011) があります。

5 「現日研・職場談話コーパス」(CWPC)

「現日研・職場談話コーパス」、2020年時点で中納言で検索できるコーパスの中でも最も古くに構築されたコーパスで、日本のコーパス研究史の中でも最古に構築されたものの1つです。90年代の職場での談話を録音・文字起こしたものです。もともとは現代日本語研究会 (編) (1997)『女性のことば・職場編』、現代日本語研究会 (編) (2002)『男性のことば・職場編』という2冊の本になっていました。(2011年に合本版が『合本　女性のことば・男性のことば (職場編)』としてひつじ書房より刊行されています。)

職場での場面をまずは場面1として「朝」「会議」「休憩」の3つに大きく分け、さらに場面2で細かく分類しています。

録音が行われたのは1990年代で、当時の20〜50代の社会人の会話がメインとなっています。会話参与者は2020年代には50〜80代になっているため、わずか30年前とはいえ、今よりも少し古い時代の談話コーパスと言えるかもしれません。実際、柏野ほか (2018) では「まじ」「てか」「すごいおいしい」

「うける」「みたいな」のような現代の若者語はほとんど使われていないと報告されています。このコーパスを現代語のコーパスとして扱うのは少し無理があるかもしれませんが、他のコーパスと比較することで、話し言葉の変化などを調べるのには向いていると言えるでしょう。

また、このことからコーパスは「作り続けなければならない」ということがわかります。特に話し言葉は、10年も経てばかなり色々なことが変わります。例えば、西日本の若年層では、動詞の否定形として「するくない」という形がかなり一般的になってきましたが、これは90年代の『現日研・職場談話コーパス』どころか00年代の『名大会話コーパス』にさえも1例も見られないのです。

6 「日本語歴史コーパス」(CHJ)

「日本語歴史コーパス」は国立国語研究所が開発したコーパスで、時代ごとに順次公開が進んでいます。Corpus of Historical Japanese、略してCHJと呼ばれます。

これは上代（奈良時代）から、近代（明治・大正）にいたるまでの様々な書物を収録したコーパスです。このコーパスを検索する時には特に検索対象のテクストの性質を抑えることが重要です。同じコーパスに入っていると言っても、『万葉集』と大正時代の婦人雑誌ではあらゆる面が異なります。テキストの選択画面で時代を限定して調査を行うのが普通でしょう。また、それぞれの語数も大幅に異なります。古典文学作品は総じて語数が少なく、近代の雑誌は巻数も多いので多くの語が使われています。単純な検索結果だけを見て、「この語は明治になってから使用数が急増しました」のようなうかつな報告をすることのないように気をつけましょう。時代の比較を行う際には、調整頻度を計算することは必須です。

『万葉集』などの和歌集では歌と序詞を分けて検索したり、平安文学では会話・地の文・歌を分けて検索することもできます。近代でも、文語文体のものと口語文体のものを分けて検索できるなど、かなり条件を絞って検索を行うことができます。

CHJ の設計や活用については近藤・田中・小木曽 (編) (2015) にまとまっています。本コーパスは古典教育などにも大いに活用できると考えられ、河内 (編) (2019) では様々な提案が行われています。また、本コーパスを活用した日本語史の教科書として田中 (編) (2020) があります。

7 「昭和・平成書き言葉コーパス」(SHC)

「日本語歴史コーパス」は、上代から明治・大正期までの書き言葉を集めたコーパスです。一方、本書で中心的に扱ってきた「現代日本語書き言葉均衡コーパス」は「現代」とついていますが、実際には 2001 年から 2005 年のデータが多くを占めます。そのため、昭和のはじめから平成の終わりにかけてどのような言葉の変化があったか、ということを知るためのデータは欠けていました。

その穴を埋めるために構築されたのが、「昭和・平成書き言葉コーパス」です。1933 年から 2013 年までを 8 年おきに、11 か年分の文書を収録しており、その内訳は雑誌・ベストセラー・新聞となっています。このうち、雑誌が 80% 強を占めています。

また、検索時の注意点として、検索結果の前後文脈の表示については最大 30 語までに制限されています。これは著作権処理上の問題です。つまり、例文の意味を確認することはできず、むしろある語の出現数が時代の推移とともにどのように変化しているのかを調べるのに特化したコーパスであると言えます。

このコーパスに関連して、一点注意事項を述べます。それは、「**現代日本語書き言葉均衡コーパス**」(BCCWJ) **で、年代の比較を行ってはいけない**、ということです。BCCWJ では確かに出版年や著者の生年などの情報も含まれますが、それについては全く統制がかかっていません。特に、出版年については出版サブコーパス (新聞・書籍・雑誌) や Yahoo! 知恵袋、Yahoo! ブログのデータは 2001 年から 2005 年に限られるため、この期間の語数が非常に多くなっています。「出版年で比較すると 90 年代まではほとんど使われていなかったのに、2000 年代になって使用が急増している！」という報告をこれまでに何度も見ましたが、それはほとんどのデータが 2000 年代だからです。この点

についての調整頻度を計算するのも容易ではありません。

　異なる時点の変化（経年変化）を調べる時は、必ず CHJ または SHC を使うようにしましょう。また、これらの歴史コーパスと BCCWJ の比較も安易に行ってはいけません。全てのコーパスには強みと弱みがあります。

8　「日本語諸方言コーパス」(COJADS)

　「日本語諸方言コーパス」は、日本各地の方言の談話音声のコーパスです。文化庁が 1977〜1985 年に行なった「各地方言収集緊急調査」のデータが元になっています。これは、日本全国 200 地点あまりにおける、約 4,000 時間の方言談話の録音テープで、一部は『全国方言談話データベース日本のふるさとことば集成』(2001–2008、国書刊行会) として刊行されています。このデータのコーパス化が現在進められています。

　本コーパスの最大の特徴は、標準語と方言の両方で検索が行えることです。ただし、方言での検索は文字列検索のみに対応しています。

　図 13‑8‑1 は語彙素を「疲れる」にして検索を行った結果です。

データ名 ◆	サンプルID ◆	開始位置 ◆	連番 ◆	前文脈 ◆	キー ◆	後文脈 ◆
ふるさとことば集成	1_b ▶	94970	61370	は|ね|。# \<B\> 大きい|の|なん|か|ね|。# \<A\> うん|。# \<B\> 学校| [が]|遠い|から|。# \<C\> うん|。# \<A\> うん|。#	\<B\> 疲れ	|て|くる|から|歩いて|た|ん|だ|から|。# \<C\> うん|う ん|。# \<A\> うん|う ん|。# \<B\> 途中|で|腰かけて|。
				イマワナ。\<B\> オッキーノナンカネー。\<A\> ンー。\<B\> ガッコー　トーイカラ。\<C\> ンー。\<A\> ンー。\<B\> コワク　ナッカラ　アルイテンダガラ。\<C\> ンー。\<A\> ンーンー。\<B\> トチューデ　コシカケテ。		

図13−8−1 | 「日本語諸方言コーパス」の検索結果

＜Ｂ＞というのは話者記号です。上の部分は共通語に「翻訳した」結果で、「疲れてくるから」は実際には「コワク　ナッカラ」と発言していたことがわかります。この地方では疲れることを「コワイ」と表現するのですね。このコーパスの特徴は方言そのものではなく、その共通語訳を検索するところにあります。ある語を検索して、日本の様々な場所でそれをどのように言うのかを簡単に調べることができるようになりました。用例付きのデジタル方言辞典とも言えるでしょう。また、音声を聞くこともできます。

　＜Ｂ＞さんの１つの前の発言は、「学校 [が] 遠いから。」となっています。これの [が] は主格が省略されていることを表しており、実際の発言は「ガッコー　トーイカラ」です。多くの方言で格助詞の省略が見られますが、どのぐらい省略されているのかを調べることもできます。

　なお、方言形を検索したい場合は、**文字列検索モード**で、**すべてカタカナ**で入力する必要があります。

9　「中国語・韓国語母語の日本語学習者縦断発話コーパス」(C-JAS)

　これは迫田久美子氏によって録音、コーパス化されたデータです。正式名称は長いので、Corpus of Japanese As Second language を省略して C-JAS（シージャス）と呼ばれます。中国語話者３名・韓国語話者３名の計６名に対し、３年にわたって８回のインタビューを行った**縦断コーパス**です。これにより、一人の学習者がどのように日本語を身に着けていったかがわかるという大変貴重なデータとなっています。６名で 46.5 時間と、学習者コーパスとしては一人あたりの発話量が多いことも特徴です。

　データが公開されたのは後年になってからですが、録音自体は 1991 年から行われました。日本でコーパス研究が定着する遥か前にたった一人でこれだけのコーパスを完成させたことに驚かされます。指示詞の習得研究である迫田 (1998) のために構築されたコーパスですが、コーパスとしての性質の解説は、紹介ページをご覧ください。

　中納言で検索できますが、プレインテキストで全文をダウンロードすることもできます。

10 「多言語母語の日本語学習者横断コーパス」(I-JAS)

先述した迫田久美子氏がプロジェクトリーダーとなり、国立国語研究所が作成した学習者コーパスです。正式名称は「多言語母語の日本語学習者横断コーパス」(International Corpus of Japanese as Second Language) ですが、略称の I-JAS (アイジャス) という名称がよく使われています。

学習者のデータとしては、様々な属性の学習者のデータを集めた横断データにあたり、海外の 12 言語の母語話者と、国内の教室学習者および自然学習者、そして母語話者のデータを収録しています。2016 年より逐次公開が開始され、2020 年に完成しました。

その最大の特徴は、多くの学習者に書き言葉・話し言葉両方を含む統一的なタスクを課したことです。タスクはストーリーテリング、ストーリーライティング、対話 (30分)、絵描写、ロールプレイの 5 種類です。ストーリーテリングとは 2 種類の 4 コマ漫画を見て、それに沿って話してもらうものです。ストーリーライティングは、同じ絵について、今度はパソコンを使って日本語で説明文を書いてもらったものです。これが書き言葉になります。対話は 30 分のインタビューです。絵描写は色々な人の様子が描かれた絵を見て、文を作る簡単な課題で、話し言葉です。ロールプレイとは言語教育でよく行われる、ある役割、ある設定に沿って会話を行うというタスクです。ここでは、学習者は日本料理店でアルバイトをしているという設定で、店長に対して出勤日数を変更してほしいという「依頼」と、店長からの仕事内容の変更の依頼を「断る」という 2 つの会話を行っています。

これに加えて、フェイスシートにより学習者の日本語能力や、学習経験などを把握可能になっています。また、おのおのの学習者の日本語能力は SPOT と J-CAT という 2 種のコンピュータを使ったテストで測定した結果が記載されています。中納言から、音声ファイルや原文全体にもアクセス可能です。日本語の学習者コーパス研究は非常に盛んなのですが、I-JAS はその中でも最も完成度が高いものと言えるでしょう。

「中納言」で検索できることもあって、すでに様々な研究成果が報告されています。例えば、小口 (2017) はストーリーテリングの「犬がバスケットから

飛び出す」場面に注目しました。典型的な表現は「バスケットを開けると、犬が飛び出した」なのですが、前後をつなぐ接続表現は日本語話者は「と」をよく使うのに対して、中国語・英語・韓国語話者は「とき」を使うこと、また、後部の「犬」のマーカーとして、日本語話者と韓国語話者は「が」を選び、中国語話者と英語話者は「は」を選ぶことを報告しています。このような母語による違いも、共通のタスクを設けているからこそはっきり差異を見出すことができるのです。

I-JASについては製作者の迫田久美子氏自身の手による解説書が出ています（迫田ほか（編）2020）。中納言を使った検索方法についても解説されているので、ぜひ読むことをおすすめします。

11　「北京日本語学習者縦断コーパス」(B-JAS)

I-JASは優れたコーパスですが、横断コーパスであるため、1人の学習者がどのように日本語を習得していったのかを直接観察することはできません。あくまでも異なるレベルの学習者を比較し、変化を推測することしかできません。

そこで、I-JASと同種のタスクを同じ学習者に4年間かけて8回実施し、その変化の過程を記録して作られたのが「北京日本語学習者縦断コーパス」(B-JAS) です。Bは調査が行われた北京の英語表記、Beijingに由来します。北京の大学に進学した17名の学習者が対象で、うち16名は期間中に日本に留学しましたが、8回とも対面でI-JASで用いられたタスクが実施されました。ただし、ストーリーテリングやストーリーライティング、ロールプレイの課題は増え、同じ課題は1年に1回、合計4回行ったことになります。また、それとは別に、非対面調査として、4年間で11回作文を書いてもらっています。

紹介ページからプレインテキストやmp3の形で文字・音声のデータをダウンロードすることができます。

12　まとめて検索　KOTONOHA

ここまで様々なコーパスを紹介してきました。それぞれに特性が異なりま

すが、異なるコーパスでの使われ方を比較することで、その語の特徴をより深く知ることができます。しかし、他のコーパスで検索を行う時にはコーパス選択画面に戻り、別のコーパスを選びなおし、もう一度最初から検索条件を入力していかなければなりません。これは少し面倒です。

　そのため、複数のコーパスをまとめて検索するシステムが開発されました。それが「まとめて検索　KOTONOHA」です。「KOTONOHA」とは、国立国語研究所の様々なコーパスを整備するプロジェクトの名称です。この計画で作られたコーパスをまとめて検索できるため、この名前になっています。

　「まとめて検索　KOTONOHA」は実は中納言のコーパス選択画面の上部に表示されています。図13-12-1はその検索窓で副詞の「とても」を語彙素で検索しようとしているところです。この検索窓では書字形出現形と語彙素の2つの検索条件が使用可能ですが、1語だけしか検索できません。これ以外の検索条件を使いたい時や、2語以上検索したい時は、何も入力せず、右の検索アイコンをクリックすれば、いつものように様々な条件を入力する画面が出現します。ただし、使えるのは**短単位モードのみ**ということに注意して下さい。

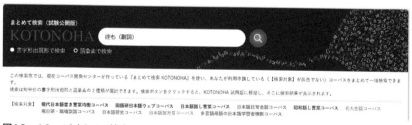

図13-12-1｜まとめて検索　KOTONOHAで副詞「とても」を調べる

　さて、検索をすると、図13-12-2のような結果が出てきます。棒グラフは各コーパスの調整頻度をpmwで表していますが、コーパスの名称が略称で示されているため、慣れていなければ何が何だかわからないと思います。また、各コーパスの総語数については10万語〜1億語と1000倍の開きがあり、実際の語数には大きな差があることもあるので、注意が必要です。コーパスごとに見るよりも、次の「書き言葉・話し言葉」「時代別」のほうが意味をつ

検索結果の見かた ❶

| 棒グラフ | 円グラフ |

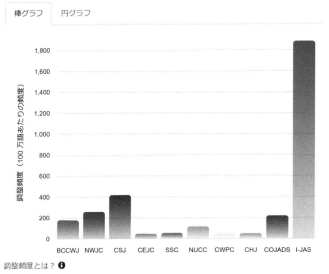

図13−12−2｜「とても」の検索結果：グラフ

かみやすいだろうと思います。

　また、グラフの右側に図 13‑12‑3 のような表が示されています。ここに
は実際の件数と、コーパスの総語数が示されています。左のグラフは、件数
を総語数で割り、100 万をかけた値というわけです。また、重要なのは、そ
れぞれの行の右端の「検索結果を見る」というリンクです。ここをクリック
すれば、入力した条件で各コーパスの検索結果を見ることができます。「ま
とめて検索　KOTONOHA」では検索結果はグラフで表示されるだけで、用
例をダウンロードすることはできません。しかし、複数のコーパスを検索し
て、データもダウンロードしたい場合、まずは「まとめて検索」を行い、次
にリンクから各コーパスの検索結果に移動し、ダウンロードしていくという
方法が可能です。このやり方であれば、何度も検索条件を入力する手間が省
け、うっかりミスも防げます。ただし、もちろん最初から 1 つのコーパスだ
けを検索したい時は「まとめて検索」を行う必要はありません。

　また、上部のチェックボックスには「書き言葉・話し言葉」「時代」を切り
替えることができます。「とても」のデータで「書き言葉・話し言葉」を選ぶ

カテゴリ	コーパス	説明	検索結果の件数	検索対象語数	状態	
BCCWJ	BCCWJ	全てのデータが対象	18,855	104,911,460	成功	準備中
NWJC	NWJC	一部のデータが対象	22,382	86,277,772	成功	検索結果を見る
CSJ	CSJ	全てのデータが対象	3,171	7,576,046	成功	検索結果を見る
CEJC	CEJC	全てのデータが対象	29	610,959	成功	検索結果を見る
SSC	SSC	全てのデータが対象	10	180,280	成功	検索結果を見る
NUCC	NUCC	全てのデータが対象	132	1,131,971	成功	検索結果を見る
CWPC	CWPC	全てのデータが対象	9	186,906	成功	検索結果を見る
CHJ	CHJ	全てのデータが対象	821	16,616,639	成功	検索結果を見る
COJADS	COJADS	全てのデータが対象	68	310,639	成功	検索結果を見る
I-JAS	I-JAS	全てのデータが対象（日本語母語話者は除く）	5,712	3,025,789	成功	検索結果を見る

図13−12−3｜「とても」の検索結果：表

と図 13-12-4 のようになります。「母語話者の書き言葉」「母語話者の話し言葉」「学習者の書き言葉」「学習者の話し言葉」を比較することが可能です。

図 13-12-4 を見ると「とても」は書き言葉よりも「話し言葉」で使われ、さらに母語話者よりも学習者がよく使うということがわかります。

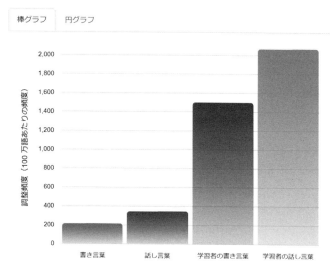

図13−12−4｜「書き言葉・話し言葉」の例（とても）

「時代」を選ぶと図 13-12-5 のようなグラフになります。

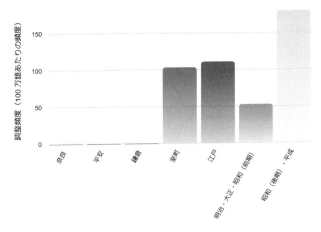

調整頻度（100万語あたりの頻度）

150

100

50

0

奈良　平安　鎌倉　室町　江戸　明治・大正・昭和（前期）　昭和（後期）・平成

図13−12−5｜「時代」の例（とても）

　「とても」という語は室町時代あたりから使われ始めたということがわかります。明治・大正・昭和（前期）で少し減っているようですが、これを「使用数が減った」と解釈するのは誤りで、ちゃんと右側の表も見て検証すべきです。明治・大正・昭和（前期）のコーパスの資料は『日本語歴史コーパス』ですが、この時代のものは雑誌や教科書など、限られたジャンルのものだけです。一方、昭和（後期）・平成というのは『現代日本語書き言葉コーパス』を含み、「国会会議録」「Yahoo! ブログ」など様々なものを含んでいます。元の文書の偏りが図13-12-5に反映されている可能性は高そうです。

13　まとめて検索　応用編（上級者むけ）

　まとめて検索はカスタマイズすることも可能です。「検索対象を設定する」という緑色のボタンを押してみましょう。図13-13-1のような画面になります。ここで、さらに緑色の「新規作成する」というボタンを押します。

　すると、図13-13-2のような画面になります。ここで、検索対象名を入力します。これはさっきの「書き言葉・話し言葉」「時代」のようなコーパスの組み合わせの名称です。好きに名前をつけて構いません。

図13−13−1│新しく検索対象を設定する1

図13−13−2│新しく検索対象を設定する2

　ここでは、「とても」が「話し言葉」に多いことはわかったが、どのような話し言葉に多いのか、詳しく比較することにしましょう。検索対象名を「話し言葉の比較」にします。

　その後、「カテゴリを追加する」をクリックすると、図13-13-3のようになります。そして、ここで比較したいコーパスを選びます。コーパスの中のジャンルを詳しく選ぶこともできます。ここでは、硬い話し言葉の代表格として、『現代日本語書き言葉均衡コーパスBCCWJ』の中から「国会会議録」を選びましょう。まず、一番上のカテゴリ名に「国会会議録」と手入力します。その後、BCCWJにチェックを入れ、さらに必ず「詳細を設定する」をクリックし、「特定目的・国会会議録」にチェックを入れるようにして下さい。

カテゴリの編集

カテゴリ名

国会会議録

対象コーパス　　　　　　　　　　　**説明**

☑ BCCWJ

詳細を設定する

図13-13-3|カテゴリの編集画面

　「説明」の欄は書いても書かなくても構いません。国会会議録を設定できた
ら、下の「保存する」をクリックします。そうすると、図13-13-2の画面
に戻り、「国会会議録」というカテゴリが登録されたことがわかります。この
ように、順にカテゴリを登録していきます。

　続いて、『日本語話し言葉コーパスCSJ』の学会講演を登録しましょう。コ
ーパスから「CSJ」を選び、詳細設定で「独話・会議」を選び、カテゴリ名
に「学会講演」と入力してから保存します。これも硬い話し言葉と考えられ
ます。

　次に、それよりは少し柔らかい言葉として『日本語話し言葉コーパスCSJ』

検索対象の編集

検索対象名

話し言葉の比較

カテゴリ

カテゴリ	コーパス	説明		
国会会議録	BCCWJ		編集する	削除する
学会講演	CSJ		編集する	削除する
模擬講演	CSJ		編集する	削除する
日常会話	CEJC		編集する	削除する

カテゴリを追加する
一つの検索対象で指定できるカテゴリは 10 個までです。

保存する　キャンセルする

図13-13-4|「話し言葉の比較」の設定

の模擬講演を登録しましょう。コーパスから「CSJ」を選び、詳細設定で「独話・模擬」を選び、カテゴリ名に「模擬講演」と入力してから保存します。

　最後に、くだけた話し言葉の代表格の日常会話ですが、今回は『日本語日常会話コーパスCEJC』だけにしましょう。（もちろん、名大会話コーパスなどを加えることもできます。）コーパスから「CEJC」を選び、「日常会話」と入力してから保存します。

　ここまで入力ができれば、図13-13-4のようになるはずです。

　後は、「保存する」を押してから、検索画面に戻って下さい。「書字形出現形」で「とても」を検索すると図13-13-5のような結果になるはずです。

　模擬講演が突出して多いということがわかります。「とても」は日常会話でも、国会や学会のような公式の場でもあまり多く使われる表現とは言えません。しかし、個人が何か改まった場でスピーチをするような場では多用されると言えるでしょう。例えば、結婚式のスピーチを頼まれて、新郎・新婦の性格を紹介する場面ではどうでしょうか。「○○さんは、とても優秀で……」のように「とても」を使うのではないでしょうか。（普段は「あいつ超優秀」のような話し方をしているとしても。）

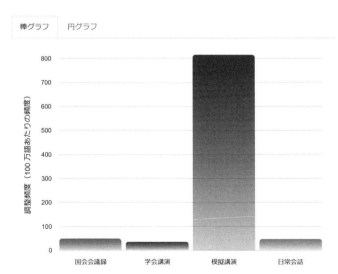

図13-13-5｜「とても」の検索結果

章 末 問 題

1　性別によって使い方に差がありそうな表現を考えてください。『日本語日常会話コーパス』を使ってその表現を検索、ダウンロードし、ピボットテーブルを使って男女のどちらがよく使っているかを集計してみてください。

2　「まとめて検索　KOTONOHA」を使って、「すごいおいしい」のような「すごい＋形容詞」の例を調べてみましょう。検索条件は **語彙素** が 凄い にすると「すごくおいしい」まで含まれるので工夫する必要があります。「スゴイ」という音を持つパターンを抜き出すにはどうしたらよいでしょうか。

3　「まとめて検索　KOTONOHA」で話し言葉の年代別の調査を行ってみましょう。カスタマイズ機能を使い、「90年代：現日研職場談話コーパスCWPC」「00年代：名大会話コーパスNUCC」「10年代：日本語日常会話コーパスCEJC」の3つのカテゴリを作ります。うまく設定できたら、若者がよく使っていそうな表現を検索してみましょう。最近のものほど増えているでしょうか。特に思いつかなければ「すごい＋形容詞」の例で試してみましょう。

第14章

レポート・論文を書く時の注意点

1　使用したツール・コーパスを報告する

　この章では、検索や考察を行った後、実際にレポートや論文執筆する時の注意点について書きます。ツールやコーパスを使用した際には、何を使ったのか、どのように使ったのかを正しく報告する必要があります。

・本文で

　まず、レポート・論文の本文で使用したコーパスとツールの正式名称について書く必要があります。コーパスとツールの関係は、第1章第7節で扱いましたね。研究対象がコーパス、その時に使う道具がツールです。コーパスの正式名称は中納言にログイン後、コーパスの選択画面に書かれているものです（図14-1-1）。例えば、『現代日本語書き言葉均衡コーパス　中納言版』などです。

　しかし、この名称は非常に長いので、2回目以降に記述する時は、略称を使用することもできます。その際には、初めての人でもわかるように、1度目に正式名称を書いた後に、（以下、BCCWJ）と説明を書くようにしてください。

　また、検索画面の右上には、中納言のバージョンとデータのバージョンも記載されています。これも書くようにしてください（図14-1-2）。中納言のバージョンはコーパスによって異なるので注意してください。

	コーパス名	略称	個別検索	包括的検索	備考
書き言葉	現代日本語書き言葉均衡コーパス 中納言版	BCCWJ	☑	☑	従来より利用いただいている BCCWJ のデータです（コーパスの紹介ページ）。こちらのページから BCCWJ アノテーションデータをダウンロードできます。梵天版はこちら
書き言葉	国語研日本語ウェブコーパス 中納言版	NWJC	準備中	☑	梵天版はこちら
話し言葉	日本語話し言葉コーパス	CSJ	☑	☑	コーパスの紹介ページ
話し言葉	日本語日常会話コーパス モニター公開版	CEJC	☑	☑	コーパスの紹介ページ
話し言葉	昭和話し言葉コーパス モニター公開版	SSC	☑	☑	コーパスの紹介ページ
話し言葉	名大会話コーパス	NUCC	☑	☑	コーパスの紹介ページ
話し言葉	現日研・職場談話コーパス	CWPC	☑	☑	コーパスの紹介ページ
通時	日本語歴史コーパス	CHJ	☑	☑	コーパスの紹介ページ
方言	日本語諸方言コーパス モニター公開版	COJADS	☑	☑	コーパスの紹介ページ
日本語学習者	多言語母語の日本語学習者横断コーパス	I-JAS	☑	☑	I-JAS に関する詳細な情報は「I-JAS 関連資料」をご参照ください。プレインテキスト・音声・作文は「データ配布」からダウンロードできます。

図14−1−1｜コーパス名・略称・コーパス紹介ページ

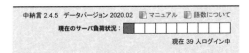

中納言 2.4.5　データバージョン 2020.02　📖 マニュアル　📖 語数について
現在のサーバ負荷状況：□□□□□□□□□□
現在 39 人ログイン中

図14−1−2｜中納言のバージョンとデータバージョン

　また、『名大会話コーパス』など、いくつかのコーパスは利用時に特定の参考文献について言及するように指示されているものもあります。これは図14-1-1 の「コーパスの紹介ページ」に書かれています。これらのコーパスを利用する時はこの参考文献を図書館で借りるなどして確認し、本文でも言及するようにしてください。ただし、BCCWJ など特定の文献が指定されていないコーパスでは、必要ありません。

　以下は、『現代日本語書き言葉均衡コーパス』と『名大会話コーパス』を使用した時の書き方の見本です。

　⑴　このレポートでは、コーパス検索アプリケーションの「中納言」を使い、『現代日本語書き言葉均衡コーパス』（以下、BCCWJ。中納言バージョン 2.4.5。データバージョン 2020.02）と『名大会話コーパス』（藤村ほか 2011。以下、NUCC。中納言 2.4.2。データバージョン 2018.02）を検索した。

　中納言のバージョンやデータバージョンを本文に書くと見にくくなる場合は、注を使ってもよいかもしれません。

• 参考文献で

　本文に詳しい情報を書いたからと言って、それですませてはいけません。レポート・論文には参考文献を書きます。ここにも必ず使用したツール・コーパスについて記述しましょう。

　中納言は 24 時間検索できるコンピュータシステムですが、それには当然お金がかかります。中納言は有り体に言ってしまえば、国民の税金で動いているのです。そのため、それがどれだけ利用され、どれだけの成果を生み出したかをきちんと把握する必要があります。本文や謝辞に書いていても、それは業績としてカウントされません。研究の世界ではどれだけ引用されたかが、優れた研究の指標です。だから、レポートや論文の末尾に使用したコーパスを記載する必要があるのです。

　ただし、コーパスを「文献」と読ぶのはいささか語弊がありますし、著者や発行年といった概念とも馴染みません。日本語学では、こういった例を集めるのに使った資料は「使用データ」「調査資料」と呼んでわけて記述しています。また、pmw などで語数表などのデータを利用した際にはそれも記述します。

　以下に一例を示します。

　(2)　調査資料
　　『現代日本語書き言葉均衡コーパス』ver.2020.02，国立国語研究所 , https://chunagon.ninjal.ac.jp/
　　『名大会話コーパス』ver.2018.02, 国立国語研究所, https://chunagon. ninjal.ac.jp/
　　「中納言」版 BCCWJ ／短単位語数 ver.1.1，国立国語研究所, https:// ccd.ninjal.ac.jp/bccwj/bcc-chu-suw.html

　中納言を使った場合は中納言の URL を書いたり、中納言を使用した旨を書いてください。

　これとは別に、『名大会話コーパス』など、参考文献が指定されているコーパスの場合は、その参考文献の書誌情報を「参考文献」の一覧に忘れず記述

します。

2　調査方法と結果を報告する

• 検索条件と検索総数の報告

　レポート・論文の本文では、検索に使った条件を正確に報告する必要があります。条件が間違っていれば、その結果は信用できないものになるからです。

　基本的には、まず検索に使ったモードを書きます。次に、基本的には中納言の検索画面の条件の欄にある情報をすべて書く必要があります。キー、前方共起、後方共起のそれぞれについて、位置（文末から3語以内、キーから2語）、条件（語彙素、品詞）、分類（大分類、小分類）、具体的な値（「てある」、動詞）を記述します。条件が2つある場合は両方を記入します。（例：後方共起1：キーから1語：語彙素が「から」AND 品詞の小分類が接続助詞）

　また、結果の報告ですが、まずある条件で検索した場合に、全体で何例見つかったのかを報告することが重要です。レポートや論文の主眼は、コロケーションやもっと細かい分析であったとしても、全体の数を押さえたうえでなければ、例えば100例というのが多いのか少ないのかということも判断できなくなるからです。また、レポートなどではそこまで行う必要はないかもしれませんが、きちんとした研究では誤解析や不適切な用例を取り除く「ゴミ取り」という作業が発生します。その場合は、ゴミを取る前とゴミを取った後の用例数を報告することもよく行われています。

　一例として、中俣（2020: 24）の記述を引用しておきます。この論文では『現代日本語書き言葉均衡コーパス』についてはもっと前の部分で示しているので、BCCWJ という略称を示しています。また、検索当時は『BCCWJ 通常版』という名称でした。

(3)　BCCWJ 通常版のデータを、コーパス検索アプリケーション「中納言」（バージョン 2.4 データ 1.1）を用いて検索した。長単位検索モードを用い、前接語にも注目するため、「キーの条件を指定しない」にチェックを入れ、キーから後方の1語を「語彙素 =" てもいい "」という

条件で検索を行った。

　この条件で検索を行った結果、7,809件が得られたが、ここからま
ず前接語が形容詞であるもの（「悪くてもいい」など）、「じゃなくてもい
い」、「なくてもいい」、「んでもいい」というパターンを機械的に除
去し、6,322例が残った。その後、後述するように各例を目視し用法
の分類を行ったが、その過程の中で、「とってもいいデザイン」「こ
こはいつ見てもいい眺め」のようにモダリティ形式とは言えない誤
解析の例も混在していたため、これらも除去し、最終的に6,226例
を対象とした。

　検索条件は必ずどこかに控えておくようにしましょう。もし検索条件を忘れ
てしまった場合、右の方にある「履歴で検索」をクリックすると、中納言を
使用し始めてからのすべての検索履歴が記録されています。短単位検索・長
単位検索・文字列検索それぞれで記録されています。また、検索履歴を一括
でダウンロードすることも可能です。しかし、この画面での表示方法はSQL
文というデータベース検索のための式で書かれているため、慣れていない人
にとっては非常に読みにくいです。検索履歴は万が一の保険と考え、できる
だけ自分の方法で検索条件を記録しておくようにしましょう。

• 頻度表の報告
　まず、表14-2-1を見てください。この表にはよくないところがたくさん
あります。どこがよくないか、指摘することはできますか。

表14-2-1　よくない表の見本

行ラベル	個数 / キー
書く	30.7856%
置く	10.2985%
する	4.9949%

張る	2.7856%
飾る	1.4820%
掛ける	1.2693%
入れる	1.2075%
取る	1.0635%
止める	1.0223%
掻く	1.0154%

この表には以下のようなよくない点があります。

◆タイトルがないので、何の表かわからない[xv]。
◆「行ラベル」「個数／キー」は Excel の表示であり、表とは関係がない。
◆割合だけを示されても、実際の用例数がわからない。すべての用例数も
　わからない。
◆小数点以下 4 位まで示しているが、このような細かい値には意味がない。

　Excel で何も考えずに割合を出すと、小数点以下の細かい数字が出てきます。しかし、パーセントはとはそもそも全体を 100 とした時の数値です。0.1% というのは 1,000 例に 1 つの割合、0.01% というのは 10,000 例に 1 つの割合です。もし、1,500 件しか調べていないのに、10,000 例あたりの議論をしたとしたら、それはおかしいですよね。10,000 件を超えないデータで小数点 2 位の数値を載せること、1,000 件を超えないデータで小数点 1 位の数値を載せることはおかしなことです。そこを書かないと細かい違いが見えないという意見もあるかもしれませんが、そもそもパーセンテージとは「世界がもし 100 人の村だったら」のように大きすぎる数値を圧縮して示すことにありま

[xv]──学生の発表でタイトルのない表を見せられたことが、「コロケーション・クイズ」（中俣 2018）のアイディアの元となりました。

す xvi。だから、細かい違いが見えないのは当たり前で、細かい違いを見ないようにする手法です。横に実数を書いておけば、細かい違いもわかります。

　上記の問題点を修正したのが、表 14‐2‐2 です。タイトルのところにある N=14,575 は検索して得られた全用例数を表します。10,000 例を超えているので、小数点第 2 位までは意味がありますが、小数点第 1 位までの掲載で十分に意義があることがわかると思います。9 位と 10 位は実際の用例数が 1 しか違わないのですから、情報を圧縮したパーセンテージで同じ数値になるのはむしろ当然です。

表14－2－2　よい表の見本

表「てある」に前接する動詞（N=14,575）

順位	動詞	用例数	割合
1	書く	4487	30.8%
2	置く	1501	10.3%
3	する	728	5.0%
4	張る	406	2.8%
5	飾る	216	1.5%
6	掛ける	185	1.3%
7	入れる	176	1.2%
8	取る	155	1.1%
9	止める	149	1.0%
10	掻く	148	1.0%

xvi……この譬えは日本大学の荻野綱男先生にご教授いただきました。

3　コーパスの例文を引用する

　コーパスを使ってレポートや論文を書く際には、実際の用例を適宜引用することも重要です。語と数字だけからなる表だけではイメージしにくいことも、実際の用例を見ることで納得できることがあるからです。

　しかし、例文を引用する時には出典を書く必要がありますが、その出典はどのように書けばよいのでしょうか。よく、（BCCWJ）とだけ書いている論文もありますが、これはきちんとした引用とは言えません。そもそも、出典を書くのは、元となるその場所に本当にその文言があるということを第三者が容易に確認できるようにするためです。コーパス名だけでは、確認は容易ではありません。

　結論から述べると、BCCWJ の例文を引用する際に最低限必要な情報は、ダウンロードしたデータの最初の 2 列、**サンプル ID** と**開始位置**です。

	A	B	C	D	E	F
1	サンプル ID	開始位置	連番	前文	キー	後文脈
2	LBa0_00003	61590	31720	れども、｜その｜ロージー｜の｜秘密｜を	教え	｜(てもらい)｜たい｜なら、｜部屋｜に｜
3	LBa1_00008	14030	7990	の｜主人｜から｜彼｜の｜奴隷｜の｜身分｜を	解い	｜(てもらい)｜、｜自由｜に｜なっ｜た｜オ
4	LBa1_00016	16930	8400	彼｜が｜同時代｜人｜に｜自分｜の｜思想｜を	理解し	｜(てもらう)｜ために｜、｜意識的｜に｜|
5	LBa2_00006	95290	49280	る｜まで｜の｜藤山外相｜に｜も｜たびたび	登場し	｜(てもらわ)｜ね｜ば｜ならない。｜

図14－3－1｜サンプル ID と開始位置

　この 2 列の情報さえあれば、元のデータを探すことが可能です。実例は以下のようになります。

　　⑷　その主人公のロージーというのはたいへん変わった女の子なんですけれども、そのロージーの秘密を教えてもらいたいなら、部屋に入るときにドアを三回ノックしなければならない。（LBa0_00003 61590）

　もし、複数のコーパスを扱った時は、（BCCWJ: LBa0_00003 61590）のようにコーパスの略称を前につけるとよいでしょう。

　ところで、この ID と開始位置からどのようにして元のデータを確認できるのでしょうか。それには、「短単位検索」「長単位検索」「文字列検索」と並

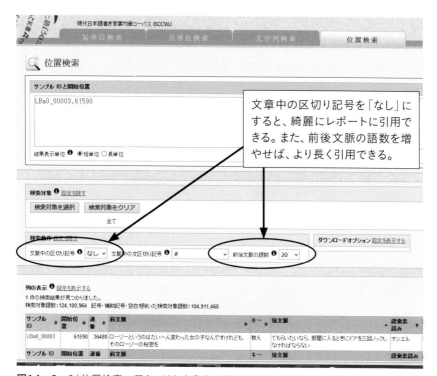

図14−3−2│位置検索　印をつけた文章中の区切り記号に注目

ぶ第4の検索モード「位置検索」を使います。

　図14-3-2がその画面です。ここにサンプルIDと開始位置を入力すると、その例を中納言の画面で確認することができます。サンプルIDと開始位置は半角の「,」で区切ることを忘れないでください。

　この位置検索はレポートや論文を執筆する段階でも役に立ちます。ダウンロードしたデータは短単位や長単位の境界が「|」などで示されていますが、レポートで引用する時にはこれらは削除しなければなりません。それはとても面倒です。かといってエクセルのデータを目で見て、手で例文を打ち込もうとすると、ミスも起こります。

　そのような時はもう一度中納言で検索すると良いのですが、検索条件の入力は面倒ですし、当該の用例を探すのも大変です。位置検索機能は欲しい例文だけをぱっと引けるので非常に役立ちます。この時、図14-3-2のように

「文章中の区切り記号」を「なし」にすることで、区切りが入っていない例文を表示させることができます。また、文がダウンロードした範囲よりも長いということもよく起こりますが、「前後文脈の語数」を広く設定しなおせば、前後を知ることも可能です。たとえば10,000件のデータに対して、前後文脈の語数を100語にするとデータ量も膨大で処理に時間がかかりますが、位置検索で1件だけを表示するのであれば、前後文脈の語数が多くても一瞬で表示されます。

　さて、例文の出典に書くのはIDと開始位置のみで良いと述べましたが、これは最低限ということであって、著者名や書名を書いてはいけないという意味ではありません。IDの開始2文字には実は表14-3-3のような意味があり、BCCWJに詳しい人間ならばこれだけでレジスターがわかるのですが、そういう人ばかりではありません[xvii]。どんな本かどんなレジスターかという情報を付与したいという時に、それを加えることは問題ありません。しかし、その場合でもサンプルIDと開始位置は必ず書くようにしてください。

表14-3-3　BCCWJのサンプルIDの略号

サブコーパス	レジスター	略号	サブコーパス	レジスター	略号
出版	書籍	PB	特定目的	国会会議録	OM
	雑誌	PM		広報紙	OP
	新聞	PN		教科書	OT
図書館	書籍	LB		韻文	OV
特定目的	ベストセラー	OB		白書	OW
	Yahoo! 知恵袋	OC		ブログ	OY
	法律	OL			

[xvii]── なお、中納言でデータをダウンロードしたときはこの略号のアルファベット順に並んでいます。

(5) 各自は三か月分の兵粮を受けとって、長期滞陣に備えてもらいたい

（LBb2_00003 24060　寺尾　善雄『三国志　英雄の舞台』）

(6) お客さんにはレンタルスキーに履き替えてもらった

（OY15_14795 300　Yahoo! ブログ）

　しかしながら、このような情報をたくさん書くと、紙幅を消費します。枚数に上限のないレポートや卒業論文なら良いのですが、制限がある場合は、例文をどれだけ引用するかは悩みの種です。もちろん、例文が多い方が読者は言語現象を理解しやすくなるのですが……。私もいつも苦しんでいます。出典情報もできるだけ短くしたいのですが、最低限 ID と開始位置が必要です。

　他のコーパスを利用した時も基本的に ID と開始位置を記載します。(7) は名大会話コーパスの例です。

(7) こういう歩き方できる、こういう歩き方？とか言って、すんごい変
　　な歩き方してみせてさ、笑わして。　　　　　　　（data051 123470）

　I-JAS など、開始位置がないコーパスもあり、その場合はサンプル ID のみを記載するようにしてください。ただし、そのサンプルがどの母語話者のどのタスクのものかをきちんと本文で解説するようにしてください。

　古典語研究の分野では、例えば源氏物語の本文を引用する時は「桐壺」などの巻名を記載するなどの慣例も見られます。しかし、コーパスを利用したのであれば、再現可能性を担保するため、それらに加えて ID と開始位置の情報も記載するという姿勢のほうが健全であると思われます。もちろんひとつの研究の中で複数のコーパスを利用した場合はそれぞれのコーパスの略称も記載する必要があるのは言うまでもありません。

4　業績が公刊されたら

　ここで言う業績は論文を書いて、それがジャーナルや紀要に掲載された場合のことを指します。レポートや卒業論文は含みません。論文の中では、1.

で書いたように本文と参考文献で適切に触れればOKですが、BCCWJ,CSJなどの国立国語研究所が作成したコーパスは利用規約の中で、公刊された後にはその旨を国立国語研究所の「コーパス開発センター」に報告し、抜刷1部かpdfを送付することになっています。住所やアドレスが書かれていないので、少し戸惑うかもしれませんが、「BCCWJを用いた研究業績一覧 現代日本語書き言葉均衡コーパス（BCCWJ）」**xviii** というページにはkotonoha@ninjal.ac.jpというアドレスがあるので、こちらに送るとよいでしょう。

　業績を把握することは中納言の運営上重要なことだからです。

章 末 問 題

1　これまでにダウンロードした中納言のデータから1つ例を選んで、出典つきで引用してみてください。また、その時のIDと開始位置を使って「位置検索」を行い、さらに前後の文脈を確かめてみましょう。

参 考 文 献

赤瀬川史郎・プラシャント・パルデシ・今井新悟 (2016)『日本語コーパス活用入門 NINJAL-LWP 実践ガイド』大修館書店

淺尾仁彦・李在鎬 (2013)『言語研究のためのプログラミング入門 Python を活用したテキスト処理』開拓社

石川慎一郎 (2012)『ベーシックコーパス言語学』ひつじ書房

大名力 (2012)『言語研究のための正規表現によるコーパス検索』ひつじ書房

荻野綱男 (2014)『ウェブ検索による日本語研究』朝倉書店

影山太郎 (1993)『文法と語形成』ひつじ書房

柏野和佳子・大村舞・西川賢哉・小磯花絵 (2018)「『現日研・職場談話コーパス』中納言版公開データの作成」『言語資源活用ワークショップ 2018 発表論文集』494–509

河内明浩 (編) (2019)『新しい古典・言語文化の授業 : コーパスを活用した実践と研究』朝倉書店

河村壽々奈 (2017)「心理動詞「思う」と「感じる」の比較研究—形容詞接続の観点から—」京都教育大学卒業論文

北原保雄 (編) (2010)『明鏡国語辞典第二版』大修館書店

グループ・ジャマシイ (1998)『教師と学習者のための日本語文型辞典』くろしお出版

現代日本語研究会 (1997)『女性のことば 職場編』ひつじ書房

現代日本語研究会 (2002)『男性のことば 職場編』ひつじ書房

現代日本語研究会 (2011)『合本 女性のことば・男性のことば 職場編』ひつじ書房

小磯花絵 (編) (2015)『講座日本語コーパス 3 話し言葉コーパス 設計と構築』

小磯花絵・天谷晴香・居關友里子・臼田泰如・柏野和佳子・川端良子・田中弥生・伝康晴・西川賢哉・渡邊友香 (2023)「『日本語日常会話コーパス』設計と特徴」『国立国語研究所論集』24, 153–168, 2023.1.

小磯花絵・渡部涼子・土屋智行・横森大輔・相澤正夫・伝康晴 (2017)『国立国語研究所「日常会話コーパス」プロジェクト報告書 1 一日の会話行動に関する調査報告』国立国語研究所 https://www2.ninjal.ac.jp/conversation/report/report01.pdf

小口悠紀子 (2017)「談話における出来事の生起と意外性をいかに表すか—中級学習者と日本語母語話者の語りの比較—」『日本語／日本語教育研究』8, 215–230.

国立国語研究所 (2006)『日本語話し言葉コーパスの構築法』 https://doi.org/10.15084/00001357

国立国語研究所 (編) (2001–2008)『国立国語研究所資料集 13 全国方言談話データベース 日本のふるさとことば集成』全 20 巻, 国書刊行会

近藤泰弘・田中牧郎・小木曽智信 (編) (2015)『コーパスと日本語史研究』ひつじ書房

迫田久美子（1998）『中間言語研究—日本語学習者による指示詞コ・ソ・アの習得』渓水社

迫田久美子・石川慎一郎・李在鎬（編）（2020）『日本語学習者コーパス I-JAS 入門　研究・教育にどう使うか』くろしお出版

建石始（2018）「類義語分析のためのチェックリスト」岩田一成（編）『現場に役立つ日本語教育研究 6　語から始まる教材作り』45–58，くろしお出版

田中牧郎（編）（2020）『コーパスで学ぶ日本語学　日本語の歴史』朝倉書店

田野村忠温（2008）「日本語研究の観点からのサーチエンジンの比較評価—Yahoo! と Google の比較を中心に—」『計量国語学』26（5），147–157.

田野村忠温（2009）「日本語研究の観点からのサーチエンジンの評価・続一検索ヒット件数の時間変動のその後と Web 文書量の推計の修正—」『計量国語学』26（8），290–294.

陳昭心（2009）「「ある／いる」の「類義表現」としての「結果の状態のテイル」—日本語母語話者と中国語を母語とする学習者の使用傾向を見て」『世界の日本語教育』19，1–15.

遠田和子（2009）『Google 英文ライティング』講談社インターナショナル

中俣尚己（2011）「コーパス・ドライブン・アプローチによる日本語教育文法研究—「てある」と「ておく」を例として—」森篤嗣・庵功雄（編）『日本語教育文法のための多様なアプローチ』215–233，ひつじ書房

中俣尚己（2014）『日本語教育のための文法コロケーションハンドブック』くろしお出版

中俣尚己（2015a）『日本語並列表現の体系』ひつじ書房

中俣尚己（2015b）「生産性から見た文法シラバス」庵功雄・山内博之（編）『現場に役立つ日本語教育研究 1　データに基づく文法シラバス』109–128，くろしお出版

中俣尚己（2017）「接続助詞の前接語に見られる品詞の偏り—コーパスから見える南モデル—」『日本語の研究』13（4），1–17.

中俣尚己（編）（2017）『現場に役立つ日本語教育研究 5　コーパスから始まる例文作り』くろしお出版

中俣尚己（2018）「コロケーションリストの教材化」岩田一成（編）『現場に役立つ日本語教育研究 6　語から始まる教材作り』153–166，くろしお出版

中俣尚己（2020）「書き言葉コーパスに見られる「てもいい」の用法—頻度とコロケーションを考慮した記述文法—」田窪行則・野田尚史（編）『データに基づく日本語のモダリティ研究』21–39，くろしお出版

日本語記述文法研究会（編）（2003）『現代日本語文法 4　第 8 部モダリティ』くろしお出版

日本語記述文法研究会（編）（2008）『現代日本語文法 6　第 11 部複文』くろしお出版

野田尚史（2007）「文法的なコロケーションと意味的なコロケーション」『日本語学』26

（12），18–27，明治書院

藤村逸子・大曽美恵子・大島ディヴィッド義和（2011）「会話コーパスの構築によるコミ
　ュニケーション研究」藤村逸子・滝沢直宏（編）『言語研究の技法：データの収集と
　分析』43–72，ひつじ書房

益岡隆志（1987）『命題の文法』くろしお出版

丸山武彦・山崎誠・柏野和佳子・佐野大樹・秋元祐哉・稲益佐知子・田中弥生・大矢内
　夢子（2011）『現代日本語書き言葉均衡コーパス』に含まれるサンプルおよび書誌情
　報の設計と実装』文部科学省科学研究費特定領域研究「日本語コーパス」データ班
　https://pj.ninjal.ac.jp/corpus_center/bccwj/doc/report/JC-D-10-02.pdf

丸山岳彦（2016）「『昭和話し言葉コーパス』の計画と展望：1950 年代の話し言葉研究小
　史」『専修大学人文科学研究所月報』282, 39–55，専修大学人文科学研究所

村上佳恵（2017）『感情形容詞の用法　現代日本語における使用実態』笠間書院

山崎誠（2009）「代表性を有する現代日本語書籍コーパスの構築」『人工知能学会誌』24
　（5），623–631.

山崎誠（編）（2014）『講座日本語コーパス 2　書き言葉コーパス　設計と構築』朝倉書店

Goldberg, Adele E. (1995) *Constructions: A Construction Grammar Approach to Argument
　Structure*, The University of Chicago Press.

Lewiss, Michael. (2000) There is nothing as practical as a good theory. Lewis, M. (ed.)
　Teaching Collocation: Further Development in the Lexical Approach. 10-27. Heinle: Cengage
　Learning.

McEnery, Tony and Hardy, Andrew. (2012) *Corpus Linguistics: Method, Theory and Practice*.
　Cambridge University Press.（T・マケナリー＆A・ハーディー『コーパス言語学　手
　法・理論・実践』石川慎一郎（訳），ひつじ書房，2014.）

Stefanowitsch, Anatol and Stefan, Th. Gries. (2003) Collostructions: Investigating the
　interaction between words and constructions. *International Journal of Corpus Linguistics*
　8(2), 209–243.

あとがき

　2011 年 8 月 3 日のことをよく覚えています。その日は『現代日本語書き言葉均衡コーパス』の完成記念式典が開かれ、私が検索アプリケーション「中納言」を初めて見た日です。当時私は「文法項目と一緒に使われる動詞・形容詞・名詞」を一覧できる本を作りたいと考え、様々な計画を練っていました。デモ会場で小木曽智信先生に「こんなことはできますか？」と質問し、そのすべてに「はい、できます」という答えを頂きました。この時に、拙著『日本語教育のための文法コロケーションハンドブック』の完成を確信しましたが、同時に誰かに先を越されるのではないかという恐怖と戦う日々が始まりました。

　「中納言」の解説本を書かないかという話をひつじ書房の松本功さんよりいただいたのはそのすぐ後、2011 年の秋のことです。しかし、この時点では私は時期尚早であるとお断りしました。その理由はいくらでもつけられますが、私の頭の中はハンドブックのことでいっぱいで、とにかく早く完成させたい、万が一解説書を書いていて他人に先を越されでもすれば悔やんでも悔やみきれないという功名心が強かったというのが真相です。綺麗言を述べるならば、技術的なことよりも、まずコーパスがどのように役に立つのかを日本語教育に携わる人たちに広く示すことが肝要であるとも思っていました。

　が、結果的に見れば、すぐに解説書を書かなかったのは正解でした。まず、「中納言」はその頃から今に至るまでたゆまぬアップデートを続けています。どの時点をとってもこの問題はありますが、2011 年のバージョンはあまりにも現在と違いすぎています。また、筆者の力量もあまりにも未熟で、2011 年

の時点ではとても解説書などは書けなかっただろうと思います。何せ2014年刊行の『日本語教育のための文法コロケーションハンドブック』でさえ、「語彙素がわからなくて長単位で検索できなかった」という部分が存在しているほどです。このような時には「文字列検索モード」を使って確かめるというのは、私の授業の2時間目ぐらいで扱う初歩的なテクニックなのですが、知らなかったのです。格好をつけて言えば、研究で本当に重要なのはテクニックではないのだと言えるかもしれません。

その後、私はコーパスを使った研究を行うチームを立ち上げ、そこでの議論や勉強会を通じて少しずつ中納言やコーパスについて学んでいきました。特に覚えているのは、上述の「語彙素がわからないときは、文字列検索で確かめる」というストラテジーを神戸女学院大学の建石始さんに、「テキストエディタとExcelだけで作る疑似Nグラム」を聖心女子大学の清水由貴子さんに教えてもらったことです。当たり前のように本書に書いていますが、お二人に教えてもらっていなければ、本書はこれらを欠いた内容になっていたかもしれません。感謝申し上げます。

私自身もある程度人に教えられるようになり、中納言も安定的なバージョンになり、コーパスという用語も以前より浸透してきた2017年に、機は熟したとみて本書の執筆に取りかかりました。ここまでの遅れは、いわば戦略的に遅らせてきたわけですが、これ以降の遅れは完全に私自身の責任です。他にも色々なことに気を向けてしまい、なかなか原稿を完成させることができませんでした。

それでも何とか完成に漕ぎつけたのは多くの方の力があってのことです。そもそも教科書としての性格を持っているため、本書の内容は私がこれまで行ってきたコーパスの授業や講習会の内容が下敷きになっています。実践女子大学、京都教育大学、京都橘大学、大手前大学で行った授業の反応が多く取り込まれています。まずは学生のみなさんに感謝申し上げます。教科書のない難しい授業にみなさんが取り組んでくれたおかげで、何とか教科書を作り上げることができました。また、ちょうど私がこの本を書き始める前に中俣ゼミで中納言を使って卒業論文を書いた河村壽々奈さんにはその論文を紹介することを快く承知して頂きました。本当にありがとうございます。

「疑似 N グラム」を紹介してくれた清水さんはご自身でも中納言の授業を行っており、本書の原稿に目を通してコメントをくださいました。お忙しい中どうもありがとうございました。

　そして何より、世界に誇るコーパス検索システム「中納言」を作り上げた国立国語研究所のみなさんや開発者のみなさん、またそこで検索可能なコーパスを構築されたすべての研究者のみなさんに感謝と敬意を示して、本書の締めくくりとします。

　2020 年 11 月

中俣尚己

索 引

【著者紹介】

中俣尚己（なかまた　なおき）

［略歴］
1981 年大阪府生まれ。
大阪府立大学大学院人間社会学研究科博士後期課程修了。
博士（言語文化学）。京都外国語大学嘱託研究員、実践女子
大学助教、京都教育大学講師、准教授を経て、現在、大阪
大学国際教育交流センター准教授。

［主要著書］
『日本語教育のための文法コロケーションハンドブック』
（くろしお出版、2014 年）、『日本語並列表現の体系』（ひつ
じ書房、2015 年）、『現場に役立つ日本語教育研究 5　コー
パスから始まる例文作り』（編著、くろしお出版、2017
年）、『話題別コーパスが拓く日本語教育と日本語学』（編
著、ひつじ書房、2023 年）ほか。

「中納言」を活用したコーパス日本語研究入門

Introduction to Corpus Study of Japanese Using "Chunagon"
NAKAMATA Naoki

発行　　　2021 年 4 月 30 日　　初版 1 刷
　　　　　2024 年 9 月 10 日　　　　3 刷
定価　　　1800 円＋税
著者　　　© 中俣尚己
発行者　　松本功
ブックデザイン　三好誠
組版所　　株式会社 ディ・トランスポート
印刷・製本所　株式会社 シナノ
発行所　　株式会社 ひつじ書房
　　　　　〒 112-0011 東京都文京区千石 2-1-2　大和ビル 2 階
　　　　　Tel.03-5319-4916　Fax.03-5319-4917
　　　　　郵便振替 00120-8-142852
　　　　　toiawase@hituzi.co.jp　https://www.hituzi.co.jp/

ISBN978-4-8234-1059-8

造本には充分注意しておりますが、落丁・乱丁などがございましたら、
小社かお買上げ書店にておとりかえいたします。ご意見、ご感想など、
小社までお寄せ下されば幸いです。

コーパスによる日本語史研究　近代編

田中牧郎・橋本行洋・小木曽智信編　　定価 4,000 円＋税

日本語史研究は、資料の読解とそこから取り出した言語形式の集計と分析を重ねる方法によって、発展してきた。近年整備が進む歴史コーパスは、この方法を質的に深化させ量的に拡大することで、新たな地平を開きつつある。近代に焦点をあて、〈展望〉2 編、〈論文〉11 編、『日本語歴史コーパス』の〈解説〉4 編を掲載し、読者を新地平に誘う。

執筆者：田中牧郎、橋本行洋、矢島正浩、宮内佐夜香、小島聡子、近藤明日子、髙橋雄太、間淵洋子、横山詔一、竹村明日香、岡島昭浩、新野直哉、小木曽智信、服部紀子

話題別コーパスが拓く日本語教育と日本語学

中俣尚己編　　定価 3,000 円＋税

「ている」は食の話題よりも、ドラマ、アニメ、動画などの話題を話している時に多く出現する。間投助詞の「さ」は話題が難しくなると出現頻度が高まる。本書はこれまで扱われてこなかった「話題」に注目し、「話題の言語学」を開拓しようという挑戦である。編者らが構築した言語資源の解説と、日本語教育・日本語学の観点からの論考を収録。

執筆者：石川慎一郎、太田陽子、加藤恵梨、小口悠紀子、小西円、澤田浩子、清水由貴子、建石始、中俣尚己、橋本直幸、堀内仁、森篤嗣、山内博之